インベスター・リレーションズの現状と課題

Investor Relations

企業情報開示における時間軸と外部評価の視点から

姜 理恵 *Kang Rie H.* ——— 著

同文舘出版

はしがき

　本書は，筆者が，青山学院大学に博士論文として提出した「IR活動における時間軸と外部評価に関する研究―わが国企業情報開示の現代的課題―」(2014年度博士学位論文) に若干の修正や加筆を行ったものである。本書執筆の目的は，わが国における「インベスター・リレーションズ (以下，IR)」活動の現状と課題を示すことで，IR活動のさらなる進化と，IR研究のさらなる深化に寄与することである。

　2008年，米国の大手投資銀行リーマン・ブラザーズが破綻したのをきっかけに未曽有の世界大不況が起こったのは記憶に新しい。リーマン・ショック以降，企業は，変質する世界経済に適応するため，持続可能なビジネスモデルの再構築に取り組んできた。その過程で，経営者達は，企業の持続的な成長が投資家をはじめとする広範なステークホルダーの理解や協力なくして実現不可能であることを知る。外部の理解や協力を得るためには，自社の活動の理解を促す適切な情報開示が求められ，結果的に，企業と投資家を結ぶIR活動の重要性が再認識されるようになった。

　2014年には日本版スチュワードシップ・コードが，2015年にはコーポレートガバナンス・コードが施行され，企業と投資家は「目的を持った対話」(エンゲージメント) を実践するようになる。対話を通じて，経営者は企業価値の向上を，機関投資家は顧客・受益者の中長期的な投資リターンの拡大に努めることにより，インベストメントチェーン全体 (本文図1-6参照) の最適化が図られるようになる。本書では，特に，近年変容する企業情報開示に焦点を当てながら論考を進める。

　本書は，第1部，第2部，そして補論で構成される。第1部はIRの基礎編である。第1章では，IRのフレームワークとして，IR発展の歴史とその定義に触れている。第2章は，IR活動の理論的考察である。IRは，あらゆる分野が交差する複合領域に位置する学問であり，現在は，主に資本市場研究の一部，すなわち，会計，ディスクロージャーあるいはファイナンスの領

域で扱われるのが一般的である。しかし，IR活動は企業活動であり，経営者やIRオフィサーを筆頭として組織横断的に行う活動であることから，組織を研究対象とする経営学的アプローチも必要になると筆者は考える。そこで，本書では，経営学で扱われてきた対象を経済学的な手法を用いて分析する「組織の経済学」の考え方を応用してIR活動の基定となる理論的フレームワークを整理している。

第2部は，企業情報開示の現代的課題を扱うIRの応用編である。本書では，一貫して，企業サイドと投資家サイド，両者の視点を交えながら考察を進めている。これは，IR活動が企業と投資家のコミュニケーション活動であることから，どちらか一方向だけの意見をもってIRを語ることは避けたいという筆者の料簡からである。第3章および第4章は「時間軸」の視点から，第5章および第6章は「外部評価」の視点から，それぞれ定性的手法と定量的手法を織り交ぜ実証研究を進めている。第2部を構成する各章は，実務面における議論を交えた実践的な内容である。

最後の補論では，IRオフィサーの属性の国際比較を行っている。わが国においてIRの認知度は上がってきたが，IR従事者の専門性や社会的地位に関しては未だ発展途上の段階にあると筆者は考えている。本論の内容が，プロフェッショナルとしてIR実務に従事する方々のキャリア形成を一考するきっかけになれば幸いである。

本書は，わが国におけるIR実務とIR研究の進化を目的として，IR実務に携わる関係者およびIR研究者に対して幾つかの課題を提示している。そのため，内容がやや概念的，あるいは研究者視点で考察した記述となっている。IR業務のより具体的な内容は，ベテランIRオフィサーやIRコンサルタントなどIRの専門家がすでに多くの良書を出されているので，そちらを参考にしてほしい。

また，IR活動を語る際，大きく分けて「情報開示」と「資金調達」に関する説明が必要と認識しているが，本書は第2章で資本コストの考え方に若干ふれただけで，全体的には情報開示の内容が大半を占めている。ファイナンス事例も踏まえたIRのより体系的書籍の執筆は筆者の今後の課題としたい。

はしがき

　本書は，決して完成されたものではない。筆者は，これまで10年以上にわたり研究者の視点からIRを考察してきた。本書は，これまでの研究をひとまず纏める意図をもって上梓したものである。先学諸先生ならびに読者諸見のご批判，ご教示をお願いし，さらに研究を進める所存である。

　未熟な筆者が本書を上梓しえたのは多くの先生方のご指導・ご教授があったからである。特に，青山学院大学大学院国際マネジメント研究科の北川哲雄先生には，同大学博士課程入学当初より長年にわたり懇切丁寧なご指導をいただいた。また，本書の執筆に際しても，有益なご助言を多数いただいた。その身に余るご指導・ご助言に筆者が得たご恩は筆舌に尽くし難い。この場を借りて，北川先生に心より感謝申し上げる。

　さらに，同大学博士課程在学中，統計的手法の活用をご教授くださった同研究科の森田充先生，副査として多数のご指導をいただいた市野初芳先生，中野勉先生，関連分野の有益なご助言をいただいた高橋文郎先生，榊原正幸先生，牛島辰男先生（現・慶應義塾大学教授），福井義高先生に対し，この場を借りて深く感謝申し上げる。さらに，博士論文審査委員会に外部審査員としてご参加いただいた横浜市立大学国際マネジメント研究科の中條祐介先生に対し，心より御礼申し上げる。

　北川ゼミの同期生として共に学ばせていただいた林順一博士，加藤晃先生，および，同研究室の皆様から多岐にわたるご指導・ご助言をいただいたことに，深く感謝申し上げる。そして，研究を通してお目にかかり，さまざまなご助言・ご支援をいただいた資本市場関係者の皆様，国内外の研究者の皆様に対し，この場を借りて心より御礼申し上げる。

　また，筆者の研究のスタートとなった中央大学大学院において，同大学院国際会計研究科の冨塚嘉一先生，菊澤研宗先生（現・慶應義塾大学教授）からは，理論研究と実証研究の両面から多数のご指導・ご助言をいただいた。ここに記して深く感謝申し上げる。

　そして，実務経験を積んだ暁には，一研究者として博士論文を書くという目標を与えてくださったのは，学生時代を過ごした名古屋大学経済学部の可

児島俊雄ゼミである。学問の厳しさと楽しさをご教授いただいた可児島先生に心より感謝申し上げる。また，当時同ゼミの博士課程に在籍されていた先輩である孫銀植先生（現・大阪産業大学教授）との出会いが，私を博士論文の執筆に駆り立ててくださった。孫先生との出会いに深く感謝申し上げる。

また，厳しい出版事情の中で，本書を出版する機会を与えてくださった同文舘出版の中島治久社長，ならびに献身的なご尽力とご配慮を賜った同社編集局の青柳裕之氏，有村知記氏にも，心より感謝申し上げる。

そして，本書出版にあたり，公益財団法人日本証券奨学財団（The Japan Securities Scholarship Foundation）の「平成28年度研究出版助成金」のご支援をいただいたことに，厚く御礼申し上げる。

最後に，私事にわたり恐縮ながら，筆者をいつも温かく見守ってくれる両親，そして，研究者としての活動をいつも励まし支えてくれる夫に深く感謝の意を表したい。

2017年2月

姜　理恵

◆目　次◆

はしがき ………………………………………………………………………………… i

序　章 ……………………………………………………………………………… 1

第1節　本書の目的 ………………………………………………………… 2
第2節　問題意識 …………………………………………………………… 2
第3節　本書の構成 ………………………………………………………… 5
　1．IRの定義　5
　2．検討方法　6
　3．本書の構成　8

第1部　インベスター・リレーションズの基本

第1章　インベスター・リレーションズのフレームワーク ………… 13

第1節　IR発展の歴史概観 ……………………………………………… 14
　1．米国市場におけるIRの成り立ち　14
　2．日本市場におけるIRの普及　17
第2節　IRの定義と活動概要 …………………………………………… 22
　1．IRの定義　22
　2．IR活動の概要　25
第3節　「対話」重視の新たな動き ……………………………………… 28
　1．日本版スチュワードシップ・コードの導入　29
　2．日本版コーポレートガバナンス・コードの導入　31

v

第2章　インベスター・リレーションズの理論的考察 …… 37

第1節　IR活動の効果 …… 38
1．適正な株価の形成　38
2．企業価値の向上　40
3．情報開示・資金調達・企業統治の関連性　47

第2節　IR活動の基底となる理論的枠組み …… 48
1．組織の経済学の視点　49
2．取引コスト理論とIR　50
3．エージェンシー理論とIR　56

第2部　インベスター・リレーションズの応用
－企業情報開示の現代的課題を巡る考察－

第3章　IR活動における時間軸の課題（1） …… 67
－ショート・ターミズムと業績予想開示

第1節　はじめに …… 68
第2節　米国における業績予想を巡る動向 …… 69
1．ショート・ターミズム批判と経営者利益予想廃止の主張　69
2．経営者予想開示の動向　73
3．経営者利益予想廃止に関するアカデミック・リサーチの検証　76

第3節　日本における業績予想開示に関する議論 …… 80
1．業績予想開示の変遷　80
2．業績予想開示の廃止に関わる議論のはじまり　82
3．市場関係者たちによる業績予想開示廃止を巡る討論　83

第4節　業績予想開示の廃止前後における状況比較 …… 87
第5節　おわりに …… 90

第4章　IR活動における時間軸の課題（2） …… 93
－長期視点と非財務情報開示

第1節　はじめに …… 94

第2節　米国における非財務情報開示の動き
1. AICPAおよびSECにおける非財務情報を巡る議論　95
2. ショート・ターミズムを回避するための非財務情報の予想開示　96
3. 非財務情報の開示とコミュニケーションに関する先行研究　99

第3節　欧州を中心とした非財務情報開示拡大要求の高まり
1. 欧州におけるIIRCの動き　103
2. 英国におけるKayReviewの公表　105
3. 統合報告の先進事例　107

第4節　日本における非財務情報の開示要求の拡大
1. わが国における非財務情報の開示を巡る動き　111
2. 日本企業の統合報告書の現状　113

第5節　おわりに

第5章　IR活動における外部評価の課題（1）
―外部評価の現状

第1節　はじめに

第2節　わが国におけるIR評価機関
1. 1990年代に評価を開始した4機関　123
2. 2000年以降に評価を開始した2機関　127
3. 欧米のIR評価機関　131

第3節　IR評価を用いた先行研究サーベイ
1. 証券アナリストによるIR評価を用いた研究　132
2. その他のIR評価を用いた研究　133

第4節　IR優良企業の事例分析
1. はじめに　135
2. 事例研究の方法　135
3. 企業概要とIR活動の歴史　136
4. 企業とアナリストのクロス・チェック　138
5. 検証結果のまとめ　141

第5節　おわりに

第6章　外部評価データを用いた株主構成の定量的考察 …… 147
第1節　はじめに ……………………………………………… 148
第2節　研究方法 ……………………………………………… 149
第3節　先行研究と仮説設定 ………………………………… 149
1．先行研究　149
2．仮説の設定　151
第4節　実証研究の枠組み …………………………………… 153
1．被説明変数　153
2．説明変数　159
3．コントロール変数　159
第5節　検証結果とその分析 ………………………………… 164
第6節　おわりに ……………………………………………… 168

第7章　結　論 …………………………………………………… 171
第1節　分析結果 ……………………………………………… 172
第2節　本書の貢献 …………………………………………… 174
第3節　今後の課題 …………………………………………… 175

補　論　IROキャリアの国際比較 …………………………… 177
第1節　はじめに ……………………………………………… 178
第2節　IROの属性比較 ……………………………………… 178
1．使用データと対象企業の説明　178
2．日・欧・米比較分析　180
第3節　IROの役割と今後への期待 ………………………… 186

参考文献　191
索　引　205

略語一覧表

略　称	正　式　名	邦　訳
ADR	American Depositary Receipt	米国預託証券
AICPA	American Institute of Certified Public Accountants	米国公認会計士協会
AIMR	Association for Investment Management and Research	米国投資管理調査協会
AMA	American Management Association	米国経営者協会
CFA Institute	Chartered Financial Analyst Institute	CFA協会（旧AIMR，本部米国）
CSR	Corporate Social Responsibility	企業の社会的責任
EBRC	Enhanced Business Reporting Consortium	改善された企業報告コンソーシアム
EFFAS	The European Federation of Financial Analysts Societies	ヨーロッパ証券アナリスト協会連合会
FRC	Financial Reporting Council	英国財務報告評議会
IIRC	International Integrated Reporting Council	国際統合報告評議会
IIRF	International Investor Relations Federation	国際IR連盟
IRA	Investors Relations Association	IR協会（米国）
IRO	Investors Relations Officer	上場・公開企業のIRオフィサー
JIRA	Japan Investor Relations Institute	日本IR協議会
NAIC	National Association of Investment Clubs	全国投資クラブ協会
NIRI	National Investor Relations Institute	全米IR協会
NYSE	New York Stock Exchange	ニューヨーク証券取引所
PRSA	The Public Relations Society of America	アメリカPR協会
PSLRA	Private Securities Litigation Reform Act of 1995	証券民事責任訴訟改革法
SAAJ	The Securities Analysts Association of Japan	公益社団法人日本証券アナリスト協会
SEC	Securities and Exchange Commission	米国証券取引委員会
WICI	The World Intellectual Capital/Assets Initiative	世界知的資本・知的財産推進構想

序章

第1節　本書の目的

　インベスター・リレーションズ活動（以下，「IR」という）は，わが国上場企業のなかで既に広く浸透している。現在のIR活動の形は，1980年代後半，米国からわが国に拡がり，約30年の歳月を経て創り上げられた姿である。ここに至る経緯は，その普及促進を牽引してきた日本IR協議会[1]（以下，「JIRA」という）の存在なくして語ることはできない。また，上場企業の経営者およびIR担当責任者（以下，「IRオフィサー：IRO」という）の対話相手である，証券アナリストおよび投資家の声なくして，ここまで日本企業のIR活動を活性化させることはできなかったであろう。資本市場の発展のために欠くことのできないIR活動は，あらゆる資本市場参加者たちの努力の賜物として，現在の形まで昇華してきたといえる。

　また，IRの学際的研究に関しては，これまで資本市場研究者たちがさまざまな角度からIR活動を考察してきた。時代の変化とともに変遷するIRの役割に即応する形で，「IRとは何か」「IRを行う意義は何か」「IRが資本市場に与える影響とは」など幾重にも議論を重ねてきた。

　本書では，わが国におけるIR活動発展の歴史的経緯と，IR実務並びにIR研究に関してこれまで積み上げられた知見を踏まえ，日本企業のIR活動を再考察していく。本書の目的は，日本企業が行うIR活動のさらなる進化に寄与するため，次なる課題を提示することである。

第2節　問題意識

　本書は2つの問題意識から成り立っている。1つは，IR研究の強化拡張であり，もう1つはIR実務の洗練化である。

　IR研究の強化拡張のために，本書のなかで，IR活動のフレームワークと

---

[1] JIRAは，1993年5月に産業界によって設立された。わが国におけるIR活動の普及と質の向上を目指して活動している，日本で唯一の民間の非営利団体。

序　章

　その活動の基底となる考え方を整理しておく必要があると考える。IR研究は，経済学，会計学，経営学，会社法・金融商品取引法，企業金融論，広報・コミュニケーション論，組織論，マーケティング論などあらゆる学問分野が交差する新学問領域である。それゆえ，IRを理論的に再考察し，その意義を明らかにしておくことは，実務的課題を検討する際に，思考の軸を提供するものと考える。
　次に，IR実務の洗練化のため，わが国企業が近年直面する情報開示の課題を提示すると同時に，一連の考察をとおして，その解決の端緒を探りたいと考える。ここでいう企業情報開示の課題とは，「財務情報から非財務情報に変容する開示情報への対応」と「開示重視から対話重視への企業報告の変容」をいう。この課題が浮上してきた背景は以下のとおりである。
　2008年の未曽有の世界経済不況を引き起こしたリーマン・ショック以降，企業を取り巻く外的環境は大きく移り変わった。企業は，これらの変化に適応するため持続可能なビジネスモデルの再構築に取り組むこととなる[2]。企業の持続的な成長は，投資家をはじめとする広範なステークホルダーの理解や協力なくして実現は不可能である。そして，自社の活動の理解を促すためには，適切な情報開示が求められる（企業活力研究所 2012, 1）。そこで，企業の持続可能な価値創造の過程を，投資家を中心としたステークホルダーに説明する適切な情報開示を実現するため，昨今注目を集めているのが非財務情報の開示である[3]。非財務情報開示の在り方の検討を進めるなかで，対話の重要性も認識されるようになる。なぜなら，従来の開示情報の中心であった財務情報を非財務情報と有機的に結び付け，その情報内容をもって投資家に企業自身が考える将来の企業価値形成プロセスの理解を促すためには[4]，建設的な対話を積極的に行うことが欠かせないからである（経済産業省 2012, 1-3）。
　そこで，本書においては，2つの企業情報開示の課題に対する解決の糸口

---
[2] 企業を取り巻く事業環境と金融環境の変化については経済産業省（2012, 14）に詳しい。
[3] これらの議論の経緯は経済産業省（2012），企業活力研究所（2012）などに詳しい。
[4] 本書でいう企業価値は，「企業が生み出す将来キャッシュフローの割引現在価値」とする。

を探求するため，日本企業が実践するIR活動を，時間軸と外部評価という側面からそれぞれ考察を進めるものとする。時間軸と外部評価に着目する理由は次のとおりである。

第1に，時間軸に着目する理由は，企業が自社の企業価値形成プロセスを説明する際に用いる財務情報と非財務情報の重点の置き方は，投資家の投資手法，すなわち，短期的視点か長期的視点かという運用スタイルの違いに影響を受けると考えるからである。昨今の環境変化は，長期投資家に対し，企業経営者が持続的な企業価値を支える経営の仕組みを明確にし，その内容を投資家などに開示し理解してもらう必要性を強く意識させるようになってきている（経済産業省 2012, 1-3）。さらに，長期投資家も，中長期視点に立った投資を行うためには，従来の財務情報の開示だけでは不十分であることを認識し，それらを補う非財務情報の重要性に注目するようになった（企業活力研究所 2012, i-ii）。

一方で，企業は四半期決算制度導入以降，とりわけ短期投資家の台頭にあわせるかのように，短期的情報開示にもIR活動の相当分を注ぎ込まなければならなくなった。しかし，企業自身が律儀に行う業績予想開示に対しては，ショート・ターミズムを助長するものとして多くの識者からの批判もある。このような情報開示環境のなか，長期投資家を育成し，それに即応した情報開示がどうあるべきかの提言が，金融庁および経産省より公表され注目を集めている（金融庁 2014; 経済産業省・伊藤 2014）。そこで，本書では，時間軸という視点から，わが国企業がIR活動のなかで実践する財務情報と非財務情報の開示の実態を考察するものする。

第2に，外部評価に着目する理由は，それが，企業が投資家や証券アナリスト（以下，「アナリスト」という）の情報ニーズを知るうえで有効な手掛かりになると考えるからである。企業と投資家の対話を促進するためには，企業の一方的な情報発信ではなく，投資家たちの情報ニーズに耳を傾けた双方向のコミュニケーションを図る必要がある。そのために，企業は，自社情報の受容者でありコミュニケーションの相手である投資家・アナリストたちの意見を把握しなければならない。その際，有効な手掛かりとなるのがIR

活動の外部評価の結果である。そこには，投資家・アナリストたちの客観的かつ率直な意見が多く含まれている。本書では，代表的なIR評価機関における実際の評価内容を詳細に掘り下げていくものとする。

企業と投資家の双方向コミュニケーションはIRの基本である。過去から現在に至るまでの間，IR活動における情報開示は充実し，企業と投資家の非対称情報の問題を緩和すると同時に資本市場の成熟化に寄与してきた（佐々木 2008，2）。しかし，上述したとおり，IRを取り巻くマクロ環境は日々変化し，企業を取り巻く環境——例えば，自社の株を保有する株主構成の変化——も常に変動するため，情報開示の在り方を巡る議論は留まることを知らない。とはいえ，どのような環境変化が起こったとしても，企業と投資家の的確で効果的な双方向コミュニケーションによりIR活動が成立するという基本に変わりはない。それゆえ，IR活動における情報開示および対話の在り方を検討する際，企業側の見解のみならず，それらの情報の受容者であり，かつ，企業の対話相手である投資家・アナリストの視点を織り込んだ議論が必要不可欠となってくる。そこで，本書では，外部評価に着目して，日本企業が行うIR活動の実態を分析していくものとする。

以上の理由により，本書では，時間軸と外部評価の視点からIR活動の現況を詳細に考察することで，先に示した情報開示の2つの課題に対する解決の端緒を見出していきたい。

第3節　本書の構成

本文構成の全体像を述べる前に，本書で用いるIRの定義と資本市場構成者について解説しておく。

1. IRの定義

1993年5月，わが国におけるIR活動の啓蒙，普及に取り組むためJIRAが設立された。佐藤（2011，7）は，IRを次のように説明している。「IRとは，社会の一員としての企業が，資本市場との建設的な関係を築くためのコミュ

ニケーション活動である。IRとはまた，企業が自らの情報を，適時，公平，かつ継続して自主的に開示し，投資家の信頼を醸成し，企業価値向上につなげる戦略的な活動でもある」。要約すれば，「IRとは資本市場とのコミュニケーション活動であり，企業価値向上のための戦略的活動」といえる。

　さらに佐藤（2011, 29）は，「IRの『中核』はディスクロージャーにある」と述べている。ディスクロージャーの情報内容の中心には法定開示情報が据えられ，その周りに適時開示情報，経営計画などのIR情報，製品・ブランドなどの広報・コーポレートコミュニケーション情報などの自主開示情報が位置するとしている（佐藤 2011, 30; 佐藤 2008）。それゆえ，IR情報は法定開示情報と自主開示情報の2つに大別される。

　本書におけるIRの定義は，佐藤（2011）に従うものとする。また本書では，IR活動の中核をなすディスクロージャー，すなわち企業の情報開示活動に重点を置きながら論考を進めるものとする。

　ただし，このJIRAによるIRの定義は随時見直しがされている。直近では，リーマン・ショック，アベノミクス，そして成長戦略を支える企業統治（コーポレート・ガバナンス）の強化といった市場の変化を受けている。また，「資金調達」，「投資決定」，「配当政策」という資金調達・活用に絡む経営者の3つの意思決定の意味合いも含め，新たなIRの説明がなされている[5]（佐藤 2015a）。

　それゆえ，企業と資本市場の橋渡しを担うIR活動を語る際，「情報開示」と「資金調達」という2つの側面に言及する必要があることを忘れてはいけない。この点については，次章IRのフレームワークで詳細を述べるものとする。

2. 検討方法

　ここでは，本書のなかで言及する資本市場の主な構成者たちについて解説しておく。IR活動は上場・公開企業による情報開示活動である。上場・公開企業は，投資家の意思決定にとって重要な情報を，十分かつ公平に継続的

---

[5] 詳細は後述する「第1章第2節1項（2）日本におけるIRの定義」参照。

図-序1　資本市場の主な構成者達

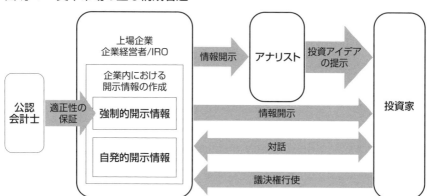

出所：北川(2015, 1)を参考に筆者作成。

に開示する義務を負う[6]。と同時に，企業は，自主的な情報開示活動であるIRを積極的に行うことで，投資家の信頼を醸成し，企業価値向上につなげることが可能になる[7]。

これらの活動を行う上場・公開企業のIRオフィサー（以下，「IRO」という）の資本市場における位置付けを示したのが図-序1である[8]。IROが開示する企業情報の受容者が「投資家」であり，「アナリスト」である[9]。彼らはまた，企業にとっての対話相手でもある。ここでいう投資家には，金融機関，事業法人等，外国法人等，個人投資家等が含まれる[10]。

そして，企業が，これらの投資家に対し，常に平等に必要な情報を提供す

---

[6] 証券監督国際機構専門委員会ステートメント（2002, 2）「上場企業による継続開示及び重要事項の報告に関する原則」。
[7] 内野（2004）では，自発的な情報開示レベルが高い企業ほど自己資本コストは優位に低いことを示した。
[8] ここでいう資本市場とは，「株式流通市場」に限定している。
[9] 図-序1に示した「アナリスト」はセルサイド・アナリストを意味する。本書では，とくにことわりのないかぎり「アナリスト」はセルサイド・アナリストを意味し，機関投資家に所属するバイサイド・アナリストは投資家（あるいは機関投資家）と表記することとする。
[10] これらの区分は全国証券取引所（2013）を参考にした。

る枠組みとして財務内容公開制度が設けられている[11]。強制開示とされているそれらの情報には，適正性が保証される必要がある。そのため，財務内容公開制度に基づき提出される情報については，とくに恣意性が入らないように公認会計士による監査が義務付けられている。したがって，当然，公認会計士も資本市場構成者の重要な構成者の一員となる（北川 2000, 21）。しかし，ここで提出される情報は主に企業の「過去」情報である。

一方，投資家の目的は，「あくまで投資目標利益（率）の極大化を目指すことにある」（北川 2000, 20）そこで，投資家ニーズを満たす形で生まれたのが，証券会社および機関投資家に所属するアナリストによる情報提供サービスである。彼らは，対象企業の調査を行い，「将来」の業績動向について予想を行い，当該証券の利益に関するレポートを書き投資家に伝える（北川 2000, 20）。投資家は，自ら直接入手した企業情報のみならず，アナリストが予想した企業の将来の業績動向を参考にしながら投資の意思決定を行う。

企業の自主的な情報開示活動であるIR活動を考察する際，資本市場構成者のなかでもとくに重要となるのが，情報発信者であるIROおよび企業経営者，そして，それら情報の受容者である投資家，および，企業と投資家の間を結ぶ情報仲介者としてのアナリストである。

先述したとおり，企業が持続的に成長するためには投資家を中心とした広範なステークホルダーの協力が必要である。そのために，企業は自社を取り巻くステークホルダーに対しさまざまな情報を発信しなければならない。ただし，通常のIR活動では，ステークホルダーのなかでも特に投資家の動きに注目している。よって，特別の記述のないかぎり，本書では企業と投資家およびアナリストとの関係に着目して一連の考察を進めるものとする。

3. 本書の構成

本書の内容は，理論的研究と実証的研究に大別される。そして，実証研究に該当する箇所は定性的研究と定量的研究からなる。本書の構成および各章

---

[11] IRに関連する法令・制度には，会社法，金融商品取引法，証券取引所が定める規則などがある（佐藤 2011）。

の研究手法は以下のとおりである。

　第1章では，IRのフレームワークとして，はじめに日米におけるIR活動発展の歴史を概観したうえで，IRの定義とその活動概要を見ておく。そして，近年の「対話」重視の動きに触れるものとする。ここでは，歴史分析とともに日米比較分析を行う。現在，上場企業におけるIR活動はすっかり定着した感がある。しかし，IRの発祥自体は1950年代の米国であり，日本で本格的に普及しはじめたのが1980年代後半であることから（日本IR協議会 2005, 8），企業活動に関わるタスクとしては比較的新しい経営実務である。第1章で，日米市場におけるIRの歴史変遷および普及の現状を概観しておくことは，第3章以降の情報開示を巡る課題を考察していく際，その理解を助けるものとなるだろう。

　第2章では，IR活動の意義を理論的に考察する。ここでは，組織の経済学を構成する取引コスト理論，エージェンシー理論を用いてIRに新たな解釈を与える。

　第3章および第4章においては，時間軸の視点から研究を進める。上述したとおり，昨今におけるIRを取り巻く環境の変化により，企業に求められる開示情報も変化してきている。ショート・ターミズムへの批判，長期投資の促進を目的に，近年，わが国において実質的な強制開示となっていた業績予想の開示が完全なる自主開示となる一方で，非財務情報の開示要求が高まっている。

　そこで，第3章では，「ショート・ターミズムと業績予想」をテーマに分析を行う。長きにわたり四半期利益予想の開示の議論が行われてきた米国の事例を踏まえつつ，日米比較をとおしてわが国における業績予想廃止を巡る一連の動きを考察していく。

　第4章では，「長期視点と非財務情報開示」をテーマに，欧州，米国における非財務情報開示拡大の変遷を踏まえつつ，その拡大要求に対応する日本企業の現状を分析する。第3章および第4章では，時間軸の長短を表す抽象概念と企業が開示する情報の内容という具体的項目の関連付けが主要な論点となるため，定性的研究手法による考察を行う。

　第5章および第6章は，外部評価の視点から研究を進める。わが国には，

IR活動を評価する外部機関が複数存在する。筆者の知るかぎり，評価機関が6団体以上存在する日本の状況は世界的にみても珍しく，わが国の情報開示活動の特徴といえる。複数存在する外部評価のなかでも，とくに注目され，企業の情報開示研究にも頻繁に利用されるのが，1995年から公益社団法人日本証券アナリスト協会（SAAJ）が毎年実施している「証券アナリストによるディスクロージャー優良企業選定」である。2000年に入ると，企業の情報発信手段としてインターネットが欠かせないものとなってきたことから，日本企業のホームページ情報に焦点をあて，企業の投資家向け情報の評価を行う民間企業もでてきた。

　そこで第5章においては，「わが国における外部評価の現状」として，複数存在する評価機関の実態把握，それらの評価結果を利用した先行研究のサーベイを行う。さらに，IR優良企業であるアステラス製薬の事例分析を通して，発行体のIRの実践内容と外部評価内容のクロス・チェックを行うこととした。ここでは，アステラス製薬本社に出向き，IR担当者に直接インタビューをすると同時に，同社をカバーするアナリスト3名に対しアンケート調査と電話インタビューを行った。それとあわせて，有価証券報告書，アニュアルレポートなどの公開資料，当社に関わる講演録などを丹念に分析することで分厚い記述を試みた（佐藤 2007, 110）。

　次に，第6章では，「外部評価データを用いた株主構成の定量的考察」として，インターネットを利用して行う日本企業のIR情報の開示レベルと，各企業の株主構成の関連性について検証する。ここでは，実際に一部の評価機関が日本企業のIR活動を評価した結果（それは，すでに数値化してあるデータである）を利用して，企業の属性とIR評価の関係を分析するため，統計的手法を用いた定量的研究を行うこととした（佐藤 2007, 36-37）。最後に，第7章で本書の結論と課題を示す。

　補章においては，日・欧・米におけるIRO属性の比較分析を行う。筆者は，情報開示に関わる国ごとの対応の違いがIROの属性の違いに起因することもありうると考え，欧・米各国のIRO属性情報を入手し，日本企業との比較分析を試みた。

第1部

インベスター・リレーションズの基本

　第1部では，実務的側面と理論的側面からIRの基本をみていくものとする。
　第1章では，IR活動の発展の歴史，IRの定義と活動内容，そして，近年再びIRが注目されるきっかけとなったスチュワードシップ・コードとコーポレートガバナンス・コード施行の流れを概観する。
　第2章では，IRの基底となる理論的フレームワークを整理する。ここでは，組織の経済学の主たる構成要素である取引コスト理論とエージェンシー理論を用いてIRに新たな解釈を与える。

第 1 章

インベスター・リレーションズ のフレームワーク

第1部

インベスター・リレーションズの基本

第1節　IR発展の歴史概観

1. 米国市場におけるIRの成り立ち

(1) 米国資本市場とIRの発展

　IR発展の歴史は，資本市場発展の歩みと密接な関係があり，資本市場の主たる構成者である投資家・アナリストから多大な影響を受けて発展した歴史をもつ。米国の証券市場では，1929年の大恐慌後，1933年の連邦証券法，1934年の証券取引所法の制定により，財務公開制度が確立していく。その後，1950年代から1960年代にかけて米国資本市場は着実な成長をみせ，ROE（株主資本利益率）は，この20年の間で10～15％の幅で推移した（田中 2004, 6）。企業は，設備投資に必要な長期資金を積極的に資本市場から調達した。そのため，資金の供給者として企業年金基金，投資信託会社などの機関投資家が急速にその勢力を増し，いわゆる機関化現象がはじまった（佐賀 2009, 10）。そのなかで，投資判断をするために企業の公開情報を分析し，業績の見通しをたてる専門家として優秀なアナリストが脚光を浴びるようになったのである（北川・森 2009, 261）[1]。1950年以降の米国市場および日本市場におけるIR発展の歴史概観については，「制度改定などの市場動向」と「IR関連の動向」に分けて表1-2にまとめた。

　1950年代，米国市場が着実な成長をみせるなか，1953年，米国ゼネラル・エレクトリック社（以下，「GE」という）は世界に先駆けIR部署を組織した（Morrill 1995, 20）。先進的な企業では今日当たり前になっている，アナリストおよび機関投資家へのインフォメーション・ミーティング，工場見学，個別訪問の受け入れなどIR活動の基本的な事項をGEは1950年代当時すでに行っていた（北川 2010a, 58）。しかし，当時，GEのようなIR活動を実践していたのは一部の大企業に留まっていた（Morrill 1995, 20）。そこで，米国経営者協会（AMA）が中心となりIRの啓蒙活動を盛んに行うようになる（Morrill

---

[1] 1963年には今日のCFA（Charterd Financial Accountants）の第1回試験が行われている。

1995, 20-21)。1964年，AMAの関連組織としてNAICができ，IRの実践に役立つさまざまなカンファレンスを行った（Morrill 1995, 21-22）。その後，IR担当者の広範な機構を作ろうとする気運が盛り上がりをみせ，ついに1967年に全米IR協会（NIRI）の前身ともいうべきIRAが設立された（Morrill 1995; 北川 2010a, 65）。IRAでは，1969年に入り，IRA自体の活動が中途半端であるとの批判に対処するため，全米をカバーする異なる理念をもつ「組織」設立の気運が高まり，IRについての広範な啓蒙，普及を行うことを目的としたNIRIが発足し，現在に至る。

　その後，1960年代から1970年代の米国企業の経営者は企業規模拡大と利益額増大を目指しM&A（Merger and Acquisitions, 合併・買収）を頻繁に行い，コングロマリットを形成していく。1980年代に入って流れは加速化し，LBO（Leveraged Buyout）や敵対的買収が活発化する（田中 2004, 9）。市場では，買収が大型化するに従い，多様な資金調達手段が考案された（佐賀 2009, 20）。1990年代前半になると，株価は上昇[2]。1990年代後半にはIT関連企業の銘柄を中心にNASDAQの株価は急上昇した。ネット・バブルの発生である。しかし，この「根拠なき熱狂」といわれた株価の高騰も，2001年12月のエンロン社破綻，その後のワールドコム社の破綻により沈静化する。この事件を契機に，不正会計処理が相次いで明らかになり，投資家の証券市場に対する不信感が強まったためである。事態を重くみた政府および議会は，2002年7月30日に異例の速さでサーベンス・オクスリー法（以下，「SOX法」という）を成立させた。いったん，冷静さを取り戻したかにみえた米国市場であったが，2007年8月にはサブプライム問題が深刻化。2008年，リーマン・ブラザーズが破綻したことを契機に米国経済が「100年に一度の危機」に陥る。この影響は世界全体に波及し，グローバルな金融システムの危機を招くこととなった（佐賀 2009, 24-30）。

　2008年9月に，米国大手金融機関が相次いて破綻あるいは経営危機に追い込

---

2) 佐賀（2009, 22）によれば，この背景には「株価の上昇によって株式投資が高利回りを記録し，投資資金が流入し続け，さらに，中高年期を迎えたベビー・ブーマー世代を中心とした年金資産の相当部分が投資で運用されるため，それが再び株価を上昇させるという循環が形成されていた」との記述がある。

まれると，時のブッシュ政権はその拡大と深刻化を阻止すべく，翌10月に金融安定化法（Emergency Economic Stabilization Act）を成立させ，総額7,000億ドルに及ぶ不良債権救済プログラムをスタートさせた（佐賀 2016, 30）。

　FRBは二段階による危機対策を講じた。第一段階は，2007年9月から2008年4月にとられた措置で，金融仲介機関に対する全般的な流動性の供給を目的にしたものであった。第二段階は，金融システム危機のさらなる深刻化に対して，伝統的な「最後の貸し手」機能を越えてクレジット・リスクを負担する，いわば企業の再生策の領域に踏み込んだものであった（佐賀 2016, 32）。この金融システム危機の深刻化を背景に，その再発防止にむけた金融規制改革が精力的に進められ，2010年10月21日にドット・フランク（DF）法が成立した（佐賀 2016, 34）。

（2）米国IR活動に多大な影響を与えた3つの規制

　米国市場が大きく変化するなか，IRに関わる重要な動きも生じていた。とくに注目すべきは，米国証券取引委員会（SEC）が制定した次の3法であった。1つは，1995年に制定された証券民事訴訟改革法（PSLRA法）（SEC 1995）。次が，2000年に制定された公正開示規則（Regulation Fair Disclosure，以下，「レギュレーションFD」という）（SEC 2000）。そして，3つめが，2002年のSOX法である（SEC 2002）。

　1995年12月に施行されたPSLRA法は，公開企業に対する泡沫訴訟の排除を主たる目的とし，業績予想などに対する訴訟リスクを軽減することにより，投資家に対する情報開示を促し，証券市場の効率性を確保することを目的としていた。PSLRA法の要として，将来情報に対する免責（セーフハーバー）条項が設けられた。これは，会社が予測した将来情報が大きく間違ってしまうリスクを投資家に警告しているかぎり，将来情報を提示する会社は証券訴訟から守られるという内容であった（全米IR協会編 2003, 8）。当法の施行により，多くの米国企業は一定の利益ガイダンスを行うようになる。短期の利益ガイダンス数値は，アナリストによる予想コンセンサスに近似し，かつ株価形成に大きな影響を与えるため，アナリストは企業から利益動向についての情報をいち早

く獲得することに多大なエネルギーを割くことになった（北川・森 2009, 262）。

　PSLRA法施行後，情報の公平な伝達が歪められる状況を憂慮したSECは，2000年10月レギュレーションFDを施行した。その目的は，株価に影響を与えるような企業の重要未公開情報をアナリストや一部の機関投資家に選別的に開示することを禁止し，すべての投資家に情報が公平に伝達されることを目的としている。意図せずして，未公表の情報を選別的に開示してしまったときには，ただちに一般に公表しなければならないとした。当法の施行に対し，アナリストサイドは法的制裁をもって情報規制すると，企業情報の開示姿勢を慎重にさせ，企業が提供する情報の質・量が低下することを懸念した。しかし，その懸念は，ウェブサイト利用による情報の同時性の保持が格段に進むなどの情報環境の改善により回避された（北川・森 2009, 262）。

　その後，エンロン・ワールドコムの破綻をきっかけに，2002年SOX法が施行される。同法は，公認会計士監督機関の設立，公認会計士の独立性確保，企業統治改革，罰則強化，および，SECの摘発権限の強化を目的としていた。この事件をきっかけに，IROは，会計情報の不信および投資家の信頼回復を図るための情報開示が必要となった。一方，アナリストサイドでは，エンロン事件をきっかけに，証券会社においてリサーチ業務と投資銀行業務を兼業することに伴う利益相反から発生する問題が表面化した（北川・森 2009, 264）。その問題解決を図るため，ニューヨーク証券取引所（NYSE）は，2003年，「目標株価」と「その根拠」をアナリストが公表することを推奨することとなった[3]。これに対しては，CFA InstituteやNIRIは，目標株価というわかりやすい結論のみが市場に伝えられることの不健全さを指摘し，ショート・ターミズムを助長するものとして批判した（北川・森 2009, 264）。

2. 日本市場におけるIRの普及

（1）1990年代までの動き

　1990年に至るまで，日本市場においてはIRの認知度は未だ低かった。わ

---

[3] いわゆる「目標株価の設定による絶対的格付の付与」である（北川・森 2009, 264）。これについては，北川（2004, 2007b）に詳しい。

第1部

インベスター・リレーションズの基本

　が国企業は，1980年代までは長期にわたり資金調達の大半を銀行からの借入に依存するメインバンク制のもとにあった。メインバンクは「ものいわぬ株主」であり，そのため，わが国企業は株主利益の最大化のための企業財務という発想はもち得なかったのである（田中 2004, 11）。わが国企業の大半がIRに関心をもたない時代，いくつかの先駆的企業はIRを実践しはじめていた。ソニーは，1961年に米国でADRを発行し，SECの規制に基づいた情報開示を行っている。そして，1970年には，NYSEに上場するにあたり，本格的にIR活動を開始した。時同じくして，ホンダ，イトーヨーカドー，松下なども米国市場での資金調達を開始した。とはいえ，上述したとおり，1980年代までの企業財務は，メインバンク制の下，株式市場からの資金調達は限定的であった。

　1980年代中頃に入り株式市場が活況となると，株式発行によるエクイティ・ファイナンスが頻繁に実行され，その後の投資家へのフォローアップを通じて企業がIRに関心をもつ契機となった（田中 2004, 12）。1989年9月には，日本経済新聞社東京本社内に「IR研究会」が設置されている（日本IR協議会 2005, 8）。1989年末の大納会では3万8,915円と株価は史上最高を記録し，株式流通市場規模（時価総額，時価売買）で世界最大になった（日本IR協議会 2005, 24）。1990年3月末時点における日本株式の時価総額合計は479.1兆円。株式保有構造では，その約70%を金融機関，事業法人などが占める完全なる株式持合体制が続いていた（図1-1）。

　しかし，1990年の年初から株価は急落。1991年には証券不祥事が発生，急遽，証券取引法が改正された。その後，1992年に金融制度改革法が交付され，同年7月に不公正取引を厳しく監視する証券取引等監視委員会が発足した（日本IR協議会 2005, 26）。1990年代中頃においてもバブル経済の禍根は続く。弱体化したわが国市場の立て直し策，国際市場としての日本市場の復活と競争力の強化を戦略的目標に掲げ，1996年11月当時の橋本総理が金融・証券ビッグバン宣言を行った（日本IR協議会 2005, 28）。株価低迷からメインバンク制が崩れたのを契機に外為法改正（1998年），内外資本取引の自由化と日本版ビッグバンが始動（1998年）。東証TDnetを稼働し，東証マザーズ市場開

第1章 インベスター・リレーションズのフレームワーク

図1-1　株式時価総額合計と株式保有構造

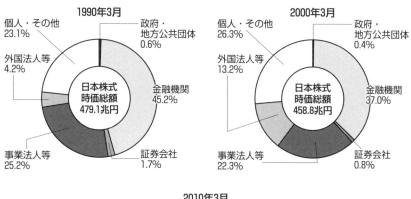

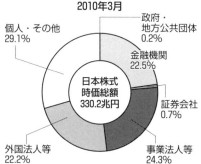

出所：東京証券取引所(2014)「月末時価総額」および全国証券取引所(2011)「平成22年度株式分布状況調査結果概要」より筆者作成。

設（1999年），IT関連企業上場ブーム（2000年頃まで）など，新興市場による働きかけが活発になった（岩田 2012）。

1990年に入ってからの10年間で，わが国におけるIR普及にむけた基礎固めがされていった。1989年に設置されたIR研究会は1年半続く。1993年6月29日の第40回会合では「IR研究会の総括と日本IR協議会への引き継ぎ」をテーマに開催され，IR普及の役割をJIRAに引き継ぎ，研究会は終了した（日本IR協議会 2005, 19）[4]。JIRA設立総会では事務局の設置も承認され，当協議会は日本経済新聞社から独立した第三者機関となった（日本IR協議会

---

[4] JIRAの設立総会は1993年5月24日開催された。

2005, 24)。1993年をもって終了したIR研究会には，新たなメンバーも加わり，2001年に日本IR学会が誕生している。

　この時期の株式分布状況調査によると，1989年度をピークに金融機関による持株比率は減少し，替わって外国人持株比率が上昇する。外国人投資家の存在はわが国IRの実践に極めて大きなインパクトをもたらした。彼らは，企業の業績および財務内容などのファンダメンタル重視の投資を行い，とくに米国機関投資家は，自国企業並みのコーポレート・ガバナンスを要求してきた（田中 2004, 14）。その結果，わが国企業経営者は，株主価値最大化を意識せざるを得なくなり，1990年代半ば以降，わが国おけるIRの関心は急速に広まっていった。

（2）2000年以降の動き

　ITブームによる新興市場の活性化もあり2000年3月末時点における日本株式の時価総額合計は458.8兆円，株式保有構造においては，外国法人等と個人・その他の割合が徐々に増加をはじめた（図1-1）。JIRAは1994年から会員企業を対象にIR活動の実態調査を行っている。従来，その調査対象はJIRAの会員企業を中心に限定されていたが，2001年以降，その対象を全株式公開企業に広げている。毎年，JIRAは「IR活動を実施しているか否か」について質問している。

　その回答結果をまとめたものが図1-2である。直近2012年の結果によれば，回答企業の97.6%がIR活動を実践している。同様にJIRAは「IR専任者がいるか否か」についてもたずねている。この結果も図示したとおり，2005年以降急速に増加し，直近では回答企業の78.6%の企業がIR専任者を置いていると回答している。

　わが国においてIR活動が日本企業に確実に根付きはじめた頃，空前のITブームにより，ネット証券は活況化しインターネット取引口座は増加の一途をた

---

5) ただし，「IR専任部署があるか」という従来の質問が，2010年より「IR専任者がいるか」という質問に変わったため，2009年以前に「IR専任部署がある」と回答した企業の割合を「IR専任者がいる」と読み替えてグラフを作成した。

第1章　インベスター・リレーションズのフレームワーク

図1-2　IR活動実施状況の推移

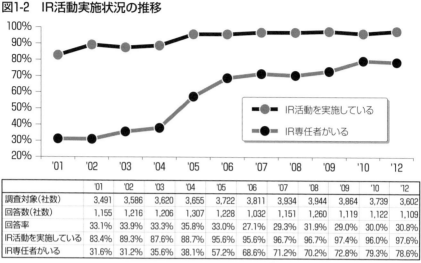

	'01	'02	'03	'04	'05	'06	'07	'08	'09	'10	'12
調査対象(社数)	3,491	3,586	3,620	3,655	3,722	3,811	3,934	3,944	3,864	3,739	3,602
回答数(社数)	1,155	1,216	1,206	1,307	1,228	1,032	1,151	1,260	1,119	1,122	1,109
回答率	33.1%	33.9%	33.3%	35.8%	33.0%	27.1%	29.3%	31.9%	29.0%	30.0%	30.8%
IR活動を実施している	83.4%	89.3%	87.6%	88.7%	95.6%	95.6%	96.7%	96.7%	97.4%	96.0%	97.6%
IR専任者がいる	31.6%	31.2%	35.6%	38.1%	57.2%	68.6%	71.2%	70.2%	72.8%	79.3%	78.6%

出所：日本IR協議会「IR活動の実態調査」2001-2012より筆者作成 [5]。

図1-3　インターネット取引口座の推移

出所：日本証券業協会「インターネット取引に関する調査結果（平成25年3月末）」より筆者作成。

どる（図1-3）。これにあわせて，個人投資家の数も激増し，2010年3月末時点で，全株式保有割合の29.4％を占めるまでになった（図1-1）。

しかし，2007年7月の米国サブプライム住宅ローン破綻が日本市場にも影響を与え株価は低迷する。株価の低迷とともに，買収防衛策導入企業が増え，市場では，日本株自体への関心の低下が懸念されるようになった（岩田 2012）。2010年3月末時点での日本株式時価総額合計は330.2兆円まで減少し，21世紀に入り10年間で約28.0%時価総額が減少した（図1-1）。

2008年のリーマン・ショックによる世界経済の低迷をきっかけに，わが国から資金を引き揚げる外国人投資家の動きもみられるようになった。これらの市場環境の変化により，その都度，日本企業はIR活動における主たるターゲットを変化させてきた。この変化を，喜多（2009, 5）は波に例えて次のように表現している。「最初の波は，1980年代後半から90年代にかけて，ターゲットは主に機関投資家であった。第二の波は，2000年前後の海外IRの一般化。そして，個人投資家との対話を大事にしようという今日の流れが第三の波である」と。

IR活動の対象は，アナリスト・機関投資家から個人投資家に広がりをみせ，企業は，自社を取り巻くあらゆるステークホルダーを念頭においたコミュニケーションが要求されるようになった。

第2節　IRの定義と活動概要

1. IRの定義

（1）米国におけるIRの定義

米国では市場環境の変化を受け，NIRI基準書に定めるIRの定義も変遷している[6]。NIRIはこれまで，IRの定義を3回（1988年，2001年，2003年）大幅に見直してきた（NIRI 2004; 2014; 米山 2011）。主たる変更点は，その「最終目標」と「情報発信の対象」そして「機能・方法」である。

「最終目標」については次のように変化している。「企業の資本コストを下

---

[6] NIRIが随時改定する基準書は，「米国のみならず，世界中のIRオフィサー，IR支援会社や投資家などの市場関係者にとっての拠りどころである」（米山 2011, 1）。

第1章
インベスター・リレーションズのフレームワーク

げる（1988年）」から「企業の相対的価値を極大化すること（2001年）[7]」（米山 2011, 5），そして，エンロン・ワールドコム事件以降の2003年には「企業の証券が公正な評価を受けること」と定義され現在に至る。

「情報発信の対象」については，「投資家（1988年）」から「財務面を中心とした支援者（2001年）」となり，「企業と金融コミュニティやその他のステークホルダー（2003年）」との「双方向コミュニケーションの実現（2003年）」へと変化し現在に至っている。上述した問題意識のなかで述べたIRの基本，すなわち，企業と市場との双方向コミュニケーションについては，NIRI定義の2003年改訂版ではじめて明確に記されることとなった。

最後に，「機能・方法」については，2001年までは「財務機能，コミュニケーション機能，マーケティング機能」と定義されていたものが，2003年から「証券関係法下のコンプライアンス活動」が加わり，これらの機能を「統合する」「戦略的な経営責務」とし，IRにより重い経営責任を含ませる表現へと変更され，今日に至っている（米山 2011, 4-5）。2003年3月に公表されたIRの定義（本文）は次のとおりである。

"Investor relations is a strategic management responsibility that integrates finance, communication, marketing and securities law compliance to enable the most effective two-way communication between a company, the financial community, and other constituencies, which ultimately contributes to a company's securities achieving fair valuation"（NIRI 2004, 5）

すなわち，IRは「企業の証券が公正な価値評価をうけることを最終目標とし，企業と金融コミュニティやその他のステークホルダーとの間に最も効果的な双方向コミュニケーションを実現するため，財務活動やコミュニケーション，マーケティング，そして証券関係法の下でのコンプライアンス活動を統合した，戦略的な経営責務である」[8]と定めている。

---

[7] ここでいう「相対的価値」が何を指しているかの議論は結局聞こえてこなかった。
[8] 翻訳文は全米IR協会編・日本IR協議会訳（2003）「米国IR実務基準－第2版－」より抜粋。

（2）日本におけるIRの定義

　JIRAが設立されたのは1993年，日本の市場でバブルが崩壊し，証券市場への危機感が高まりつつある時であった。この頃から，国内ではIR活動が普及しはじめた。佐藤（2014）によれば，わが国におけるIRの定義は，当時，JIRAが定めた「IRとは」という概念規定が一般的に使われていた[9]。

　このJIRAの定義とNIRI（2004）の定義を比較すると，「米国の場合，IR活動を経営の一環としてより広い視点から定義しているのに対し，日本の場合は，やや狭く，主として財務活動の延長線上に位置づけているとの印象」であった（佐藤 2014, 29-30）。

　しかし，2008年12月，JIRAは「IR行動憲章」を発表し，NIRI（2004）に含まれる「経営責務」や「コンプライアンス」を考慮した「IR行動憲章」を発表することにより，IRの役割を再定義している。そして，行動憲章のなかではIRを実行するための7つの指針が示された。それは，i．経営責務の原則，ii．説明責任の原則，iii．公正・継続の原則，iv．平等・公平の原則，v．法令遵守の原則，vi．社会責任の原則，vii．向上・進化の原則，である。

　その結果，IRは「社会の一員としての企業が，資本市場との建設的な関係を築くためのコミュニケーション活動である。IRとはまた，企業が自らの情報を，適時，公平，かつ継続して自主的に開示し，投資家の信頼を醸成し，企業価値向上につなげる戦略的な活動でもある」と説明されるようになった（佐藤 2011）。

　直近では，「資金調達」，「投資決定」，「配当政策」という，経営者の3つの意思決定の意味合いも含め，次のようにIR活動が説明されている。IRとは，「企業が資本市場に対し，投資判断に必要な企業情報を適時，公平，継続して説明し，対話する活動である。制度的な情報開示にとどまらず，自主的な説明を加えたり，表現を工夫したりして，投資家の理解を促す。企業は資本市場で適切な評価を受け，資金調達や事業投資などの戦略につなげることができる。IRは，企業と投資家が建設的な関係を築くためのコミュニケーション活動である。企業は投資家の意見を経営に反映させ，成果は投資家に還元

---

[9] 詳細は，佐藤（2014, 29）。

される。企業にとっては経営の一部であり，企業価値向上の拠点といえよう。投資家の信頼を得るには，ルールや規範を守ることも大切である。IRは信頼性と戦略性を兼ね備えた活動であり，基本的なルールを守ったうえで，企業の独自性を発揮する活動なのである」（佐藤 2015a, 20-21）。

2. IR活動の概要

（1）組織体制

ここでは，実務上行われるIR活動の概要をみておくものとする。IR活動は，社内に選任のIR部門がある会社もあれば，財務・経理部や経営企画部，広報宣伝部，総務部内に担当者を用意する場合もある。近年では，情報の発信先を，株主や投資家，消費者，関連企業や各地域自治体など広くステークホルダーとして捉え，「広報・IR部」という部署をもつ企業も増えている。なぜなら，社外に対する情報発信を一体として捉えるコーポレート・コミュニケーションという考え方が重視されるようになったからである。最近は，CSR（企業の社会的責任）に関連する情報もカバーするIR活動が目立ち，これまでより広がりの大きい視点が求められているのが現状である（米山 2016, 16）。図1-4は，ゲームコンテンツ大手カプコンの組織体制を抜粋したものである。

図1-4 カプコンのコーポレート・コミュニケーションの組織体制

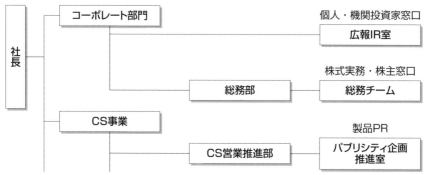

出所：米山(2016, 17)。

米山（2016）によれば，同社は1999年に総務部にIR担当が発足し，2004年広報・IR室として独立した。IR部門は現在8名。その活動は，①株式市場との面談を通じて，経営方針や戦略，将来の見通しなどに関して，投資家やアナリストの理解促進を図る。②株式市場の意見を集約して経営陣にフィードバックすることで，今後の企業経営に役立てる。③積極的に株式市場とのIR面談を実施することで，企業と市場との間に横たわる情報ギャップを最小限に抑え，適正な企業価値の形成に努める，という3つのミッションから構成される（米山 2016, 17）。

（2）担当者の仕事

　IR担当者の主な仕事は4つに大別できる。①決算関連，②株主・投資家との面談，③IRツールの制作，④情報収集と発信，である。その内容をまとめたものが表1-1である（米山 2016, 19-21）。

　アナリストや投資家にとって企業の窓口となるのがIR担当者である。しかし，表1-1から明らかなとおり，外部に対し企業の正しい姿を伝えるためには組織全体の動きを把握しておく必要がある。それは，IR担当者あるいはIR部門だけでできることではない。社内横断的な協力体制が整ってこそ可能となるものである。それゆえ，ファンド・マネージャーのなかには「IR担当者は，必ずしも我々の質問の回答を知らなくてもいい。大事なのは，社内で回答できる人を沢山知る能力だ」と指摘するものもいる（米山 2016）。

（3）行動計画の立案と実行

　IRを実行するうえで，まずはじめに行うのが，IR活動の目標を明らかにすることである。佐藤（2015b, 84）では，目標設定の一例として図1-5のような活動プログラムが示されている。

　目標設定の前に，自社の①資本市場における評価，②株主構成や資本政策，③ビジネス環境や経営戦略，をチェックする。次に，目標達成にむけて，IRの対象（ターゲット）を定め，適切な活動プログラムを構築する。活動プログラムは，必ず実施しなければならない必須項目もあれば，目標に応じ

第1章
インベスター・リレーションズのフレームワーク

表1-1　IR担当者の主な仕事

内容	時期/頻度	担当責任者/担当部署
【決算関連】		
決算発表記者会見	年4回（1・4・7・10月）	社長・財務担当役員・IR担当者
決算説明会	同上	社長・財務担当役員・IR担当者
決算説明会配布資料作成（和・英）	同上	経理部・IR担当者
海外向け決算説明電話会議	同上	財務担当役員・IR担当者
【株主・投資家との面談】		
機関投資家訪問	決算発表時中心	社長・財務担当役員・IR担当者
海外ロードショー	欧米アジアに年数回	社長・財務担当役員・IR担当者
投資家・アナリスト個別対応	随時対応	IR担当者
スモールミーティング	年2回程度	社長・財務担当役員・IR担当者
IRデイ・アナリストデイ	年1回	社長・財務担当役員・IR担当者
個人向け会社説明会	随時	社長・IR担当役員・IR担当者
個人向け会社説明会（証券会社営業向け・証券会社支店）	随時	IR担当者
株主総会後の懇談会	年1回	役員全員
知財・研究開発説明会	年1回	知財部・研究開発担当役員
工場・店舗の見学会	随時	各部門責任者・IR担当者
【IRツールの制作】		
有価証券報告書・半期報告書・四半期報告書	年1回	経理部・IR部
決算短信	年4回（1・4・7・10月）	経理部・IR部
プレゼンテーション資料	随時	IR部
アニュアルレポート（和・英）	年1回	IR部
事業報告・株主通信	年2回	IR部
IR動画（和・英）	適時リニューアル	IR部
自社IRサイト（和・英）	随時更新	IR部
【情報収集と発信】		
セルサイド・バイサイドの質問データ	随時	IR担当者
アナリストレポートの収集（自社・同業他社・関連企業）	随時	IR担当者
実質株主調査	年1回	IR担当者
投資信託組入調査	随時	IR担当者
月次データのメール発信	月1回	IR担当者
IRメールマガジンの発信	随時	IR担当者
IR関連の質問・問い合わせ対応	随時	IR担当者

出所：米山（2016, 20-21）。

第1部
インベスター・リレーションズの基本

図1-5 IR活動の目標設定例

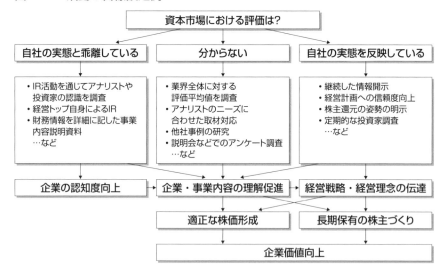

出所：佐藤(2015b, 84)を参考に筆者改編。

て取捨選択した方が良い事柄もある。その場合，他社事例も参考にしながら自社の経営状況に合った独自の手法を構築し，自社のIRを練り上げていくことが望ましい，としている（佐藤 2015b, 85）。

第3節 「対話」重視の新たな動き[10]

　2008年9月，リーマン・ショックが引き金となり世界的な金融危機が発生したことは先のIR発展の歴史のなかで述べた。この金融危機をきっかけに，機関投資家の運用パフォーマンスの低迷が明らかとなり，その責任を問う声が上がった。とくに，英国では，機関投資家の株主としての管理監督責任を巡る議論が盛んに展開された。議論の焦点は，機関投資家が運用する資金は保険・年金を契約している個人が拠出したものであり，機関投資家は彼らの

---

[10] 本節は，姜 (2016)「『コード』導入で求められる企業のディスクロージャー・ポリシー ―ゼネラルエレクトリック社の事例―」『経営哲学』13（1）の内容をもとに作成したものである。

第 1 章
インベスター・リレーションズのフレームワーク

資産運用や管理を行う代理人＝受託者だという点であった。

こうして，機関投資家は委託者の利益を守る責任があるという議論のなか，2010年 4 月，英国政府の委託を受けたFRCが，機関投資家の株主としての行動原則を「スチュワードシップ・コード（以下，「SSコード」という）」にまとめ，公表した。この結果，英国の機関投資家は，このコードを「遵守せよ，しからざれば，その理由を説明せよ（Comply or Explain）」として守ることが義務付けされた。

わが国においても，2013年 6 月に閣議決定された「日本再興戦略2013—JAPAN is BACK—」のなかで日本版スチュワードシップの検討が言及された。

1. 日本版スチュワードシップ・コードの導入

2014年 2 月，金融庁から「『責任ある機関投資家』の諸原則≪日本版スチュワードシップ・コード≫～投資と対話を通じて企業の持続的成長を促すために～」が発表され，同年 4 月に施行された（金融庁 2014）[11]。

同コードにおいて，スチュワードシップ責任とは，「機関投資家が，投資先企業やその事業環境などに関する深い理解に基づく建設的な『目的を持った対話』（エンゲージメント）などを通じて，当該企業の企業価値の向上や持続的成長を促すことにより，顧客・受益者の中長期的な投資リターンの拡大を図る責任」（金融庁 2014）をいう。機関投資家が適切にこの責任を果たすことは，経済全体の成長にもつながるとした。企業を取り巻くステークホルダーと企業に投資する株主（投資家），そして，機関投資家に運用委託する年金基金など（アセットオーナー），一連の資金循環の流れ（インベストメント・チェーン）を示したのが図1-6である。

ここでは，経営者および投資家と経営層の橋渡し役であるIR部門が，情報仲介者であるアナリストおよび投資家に対し，建設的な目的をもった対話（エンゲージメント）と適切な情報開示により，中長期的な企業価値の向上

11）コード導入の経緯，わが国市場，機関投資家および上場企業への影響などについては，藤井・笹本（2014），北川（2015），岩田（2015）を参照のこと。

第1部
インベスター・リレーションズの基本

図1-6 企業を取り巻くステークホルダーとインベストメントチェーンの関連図

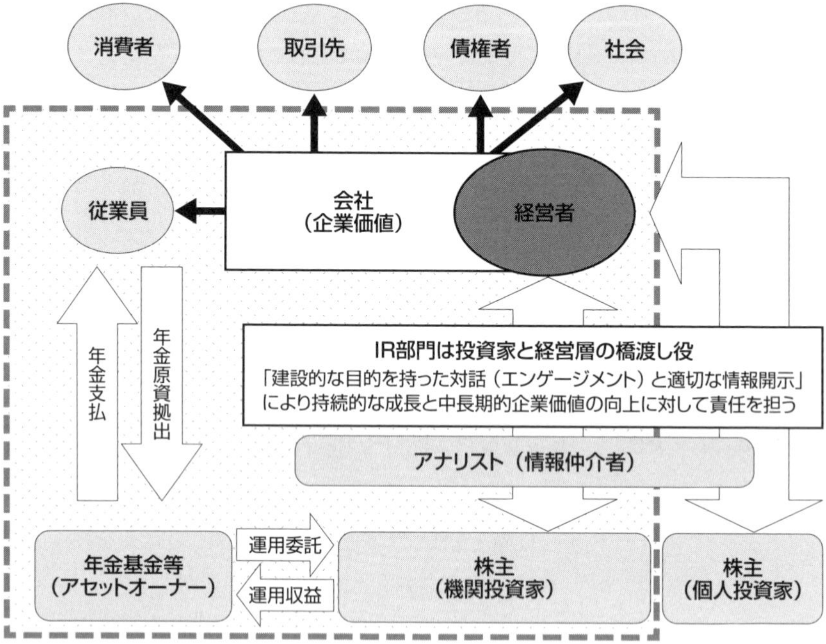

```
     消費者    取引先    債権者    社会
       ↑       ↑       ↑       ↑
  ┌─ ─ ─ ─ ─ ─ ─ ─ ─ ─ ─ ─ ─ ─ ─ ─ ─ ─ ─ ┐
  │                                       │
  │  従業員 ← 会社       経営者          │
  │         (企業価値)                    │
  │    ↑↓                  ↑             │
  │  年金    IR部門は投資家と経営層の橋渡し役│
  │  支原   「建設的な目的を持った対話（エンゲージメント）と適切な情報開示」│
  │  払資   により持続的な成長と中長期的企業価値の向上に対して責任を担う│
  │  　拠                                 │
  │  　出         アナリスト（情報仲介者） │
  │                                       │
  │  年金基金等  運用委託  株主      株主 │
  │ (アセットオーナー) 運用収益 (機関投資家)(個人投資家)│
  └─ ─ ─ ─ ─ ─ ─ ─ ─ ─ ─ ─ ─ ─ ─ ─ ─ ─ ─ ┘
```

出所：藤井・笹本（2015, 130・134）を参考に筆者改編（姜 2016）。

対して責任を担うことが期待されている。なぜ，建設的な対話と適切な情報開示が企業価値向上につながるのかについて，笹本・藤井（2015）は次のように説明している。「経営者は機関投資家と対話することにより，自社の企業価値を投資家に理解させるだけでなく，彼らから自社の成長を促す有益な示唆を引き出すことも期待できる」。

投資のプロとしての株主（機関投資家）の意見や考えを汲み取りながら事業を営むことで，経営者が実際に企業価値を高めた場合，その恩恵は株主（機関投資家）のみならず，その顧客，さらには企業で働く従業員をも含むインベストメント・チェーン全体に広がると考えられるのである（図1-6の破線枠内参照）。

さらに，同年8月には，市場のショート・ターミズムに警鐘を鳴らした英

国「ケイ・レビュー」の日本版として「伊藤レポート」が公表された（経済産業省 2014）。同レポートのなかでは，企業と投資家の「協創」による持続的価値創造，資本コストを上回る株主資本利益率の実現，全体最適にたったインベストメント・チェーンの変革，ならびに，企業と投資家による「高質な対話」の追求などが盛り込まれた。

本レポートのなかでは，投資家が企業の中長期的価値を判断するためのESG情報など非財務情報を含む情報開示が現在の日本企業に不足している点，そして，中長期的な企業価値向上に資する企業と投資家の対話が現在のわが国市場に不足している点が指摘された。

2. 日本版コーポレートガバナンス・コードの導入

一方，企業の側においては，経営の基本方針や業務執行に関する意思決定を行う取締役会が，経営陣による執行を適切に監督しつつ，適切なガバナンス機能を発揮することにより，企業価値の向上を図る責務を有している。そこで策定されたのが「コーポレートガバナンス・コード（以下，「CG」という）」である。2015年3月，コード（原案）として公表された本コードは，2015年6月より上場企業に適用されることとなった。企業側のこうした責務と機関投資家の責務は，いわば「車の両輪」といえる（東京証券取引所 2015）。

本コードにおいて，CGとは，「会社が，株主をはじめ顧客・従業員・地域社会などの立場を踏まえたうえで，透明・公平かつ迅速・果断な意思決定を行うための仕組み」を意味する。同コードに定めた原則が適切に実践されることは，「それぞれの会社において持続的な成長と中長期的な企業価値の向上のための自律的な対応が図られることを通じて，会社，投資家，ひいては経済全体の発展に寄与する」と考えられる（東京証券取引所 2015）。

わが国が，日本版CGコードを策定するにあたり参考にしたのが英国CGである。柔軟性と改善プロセスを内包した成熟した仕組みを構築している英国CGの特徴は4つの観点から説明できる。「第1に，『何人といえども，1人の人間が制約のない決定権を持つことがないように確保することが必要である』という認識のもと，チェック・アンド・バランスによる統制が徹底している。

第2に,『すべての企業に対して同一の規律（one size fits all）を強制することでは良いCGは達成できない』という認識に基づき,Comply or Explain（原則主義）のアプローチを採用している。第3に,CGの対象範囲について,『権限には責任が伴う』という考えのもと,現実の主体別の影響力を考慮して,実践的な観点から対象範囲を広く捉えている。第4に,規制・規律の枠組みとして,ハードロー（法的拘束力を有するもの）とソフトロー（法的拘束力を有しないもの）を組み合わせている」という特徴である（林 2015）。

　日本版SSコードおよびCGコード策定にあたり共通しているのは,国が従来の「ルールベース・アプローチ（細則主義）」から「プリンシプルベース・アプローチ（原則主義）」に大きく舵をきったという方針の転換である。これにより,原理・原則に則って自社の方針・やり方を公表して遂行せよ,もし,原則に従えない場合にはきちんと説明せよ（Comply or Explain）というやり方が求められることとなった[12]。その結果,「株主との対話」および「適切な情報開示」に深く関与する上場企業のIR活動が再び注目されるようになったのである。

---

12) Comply or Explainのアプローチ方法は,1992年のキャドバリー報告書で導入されて以降,英国のCGの基本となっている考え方である。詳細は林（2015）。

第1章 インベスター・リレーションズのフレームワーク

表1-2　日米市場動向とIR発展の歴史

年代	制度改定などの市場動向		IR関連の動向	
	米国	日本	米国	日本
1950	企業年金基金の設立・発展 機関化現象		GE企業内にはじめてIR組織ができる（1953） アニュアルレポートを定期的に作成，一部企業でアナリスト・ミーティングの開催定期化（1950年代初頭） American Management Association（AMA）（*A Company Guide to Effective Stockholder Relations* を刊行）（1957） AMA主催のはじめてのIR Conference開催される（1958） PRSA（The Public Rela-tions Society of America）との連携強化（1959）	
1960	成長株理論 Texas Gulf Sulphur事件（1964） MPT Merrill Lynch "Chinese wall問題"（1968）	第一次資本取引自由化・株式持合いの契機となる（1967）	AMA, The Company and Its Ownersを刊行（1963） NAICがInvestment Edu-cation Institute設立（1963） CIMがアニュアルレポートの優秀企業を発表（1964），以降恒例化する。 IRA設立（1967） NIRI設立（1969）	1961年ソニーが，日本企業としては，はじめて米国店頭市場でADRを発行。
1970	外国為替変動相場制に移行（1971） M＆Aの活発化・企業財務の悪化 ERISAの制定（1975） メイデー（手数料自由化）（1975）	第一次上場ブーム（1971-1972）		1970年 ソニーが，日本企業としては，はじめてNYSEに上場。以後，日本企業によるNYSE上場続く。国内外でエクイティ・ファイナンスが活発に行われる。

第1部
インベスター・リレーションズの基本

年代	制度改定などの市場動向		IR関連の動向	
	米国	日本	米国	日本
1980	ブラックマンデー（1987）	新外為法（1980） 第二次上場ブーム、大量公開時代へ（1983-1985） 大量のエクイティ・ファイナンスはじまる（1986-1989）	敵対的M&Aから身を守るため、企業経営者は近視眼的経営を行うようになる。 NIRI：IRの定義（1988）	海外企業による東証上場がはじまる。外資系IR会社の日本進出。
1990	インベスター・キャピタリズム（企業と株主の関係強化と再確認） PSLRA法制定（1995）	発行市場の大幅な規制緩和「エクイティ・ファイナンスの自由化とそれに伴うディスクロージャーの充実について」を公表（1996） 第二次BIS規制適用（1998） 株価低迷からメインバンク制が崩れたのを契機に外為法改正（1998） 日本版ビッグバンが始動（1998） 東証マザーズ市場開設（1999） IT関連企業上場ブーム（2000年頃まで）	IIRF設立（1991） IR Magazine"Investor Perception Study"発行開始（1996） PSLRA法の施行を受け、経営者による利益ガイダンス増加。	IRコンサルティング会社の設立が相次ぐ（1990） バブル崩壊、証券市場への危機感強まる（1991） JIRA設立（1993） 店頭市場（現JASDAQ）の活況により、個人投資家向けIRの関心高まる。
2000	レギュレーションFD制定（2000） エンロン・ワールドコム事件（2001-2002） SOX法制定（2002） コーポレート・ガバナンスへの関心増大。	新興市場による働きかけ、JASDAQによる規制。	経営者利益予想の開示増加。 NIRI：IR定義の改定（2001） NIRI「IR実務基準（第2版）」改定（2001） ショート・ターミズム批判	IR活動の定着にむけたさまざまな動き。JIRA会員が600社超える。 外資系証券会社を含めた支援体制。 ヘッジファンドへのコンタクト。 ネット証券の活況化による個人投資家向けIRへの注力。

第1章 インベスター・リレーションズのフレームワーク

年代	制度改定などの市場動向		IR関連の動向	
	米国	日本	米国	日本
	サブプライムローン崩壊を発端に世界経済が後退（2007）

リーマン・ショック（2008）

金融市場混乱への対応としてFRBによる国債やMBSの「大規模な資産買入れ（LSAP）」を実施。
第1回量的緩和（2008年12月-2010年6月） | 買収防衛策導入企業の増加（2006）

国内外で，機関投資家による反対行使が増大。

買収防衛策，利益処分に関する定款変更など，反対票の増大。
株価の低迷とともに防衛策導入企業増加。

日本株自体への関心低下。

政権交代（2009） | NIRI：IR定義の改定（2003）
NIRI「IR実務基準（第3版）」改定（2004）

経営との関わりを深めるIRO

活発なM&Aと自社株買いの増加。

サブプライムローン関連のミスリード情報開示でシティグループはじめ金融機関約20社をSECが告発。 | 企業買収防衛への関心の高まり。
安定株主対策を目指す企業の増加。

株主還元への関心が高まる余剰資金の有効活用とその説明に対して厳しく説明を求められる日本企業。

企業間持合いの増加，安定株主対策。

平成の「攘夷論」が趨勢を占め，資本市場への関心が薄まる |
| 2010 | 日本以外の世界の株式市場の回復。

ドット・フランク法成立（2010）

第2回量的緩和（2010年12月-2011年6月）

第3回量的緩和（2012年10月-2014年10月） | 金融庁や東証で動き。経営者の報酬の開示，議決権行使賛否結果の開示，独立役員の状況を報告させるなど，投資家にとって有利な動きが目立つようになる。

2011年3月東日本大震災発生。サプライチェーンの崩壊，原発問題発生によりシステムの脆弱さが露見。 | 不適切開示でシティがSECに総額7,500万ドルの和解金を支払うことで合意（2010） | 株主総会は「様子見総会」（2010） |
| 2014 2015 | | 日本版スチュワードシップ・コード施行
「伊藤レポート公表」
コーポレートガバナンス・コード施行 | NIRI, IR資格試験スタート（2016） | コード導入により，建設的な目的をもった対話（エンゲージメント）と適切な情報開示が改めて注目される。
企業統治の強化 |

出所：北川（2000, 146-147），井手・高橋（2009），米山（2011; 2016），岩田（2012; 2015），日本IR協議会（2005, 119-122），日本証券経済研究所（2009; 2010; 2016a; 2016b）を参考に筆者作成。

35

第2章

インベスター・リレーションズ
の理論的考察

第1部

インベスター・リレーションズの基本

　本章では，理論的フレームワークを用いてIR活動を考察していく。従来，IR活動における情報開示や企業統治は，エージェンシー理論によって次のように解釈されてきた。プリンシパルである株主は，エージェントである企業経営者に経営を委ねる。しかし，両者の間には情報の非対称性がある。この情報の非対称性を解消するために積極的な情報開示が求められる。また，両者の利害が一致しないことから，経営者は株主の利益に反する恐れがある。そのリスクを小さくするために企業統治が必要である。非常に簡略化した説明ながら，これがIR活動の一般的かつ理論的解釈である。

　本書では，従来の解釈をより深化させることで，IR活動を行う意義を理論的に再定義していきたい。

　そこで，理論的解釈に入る前に，実務上期待されるIR活動の効果について触れておく。本IR協議会専務理事である佐藤（2015a）はじめ多くのIR関係者は，その効果を「適正な株価形成」および「企業価値の向上」と表現している。これは何を意味するのか説明を加えたうえで，それらの効果を引き出す条件を明示する。その後，IR活動の効果を理論的に論じていくものとする。

第1節　IR活動の効果

1. 適正な株価の形成

　IR活動の効果は2つあると考えられている。そのうちの1つが，適正な株価の形成である（佐藤 2015a, 27）。適正な株価とは，企業の本質的な価値を示した株価のことである。株価はさまざまなファクターによって形成されるため，IRの効果を株価だけで測ることはできない。しかし，適正株価の基盤となる理論株価を算出することはできる。

　理論株価を算出する代表的な手法は2つ。1つは，企業が生み出すキャッシュフローや配当を予測して，理論的な企業価値や株主価値から株価を導く方法である。企業価値と株主価値の位置付けは図2-1に示したとおりである。

大別すると，企業の貸借対照表の借方である資産が企業価値を指し，貸方の純資産が株主価値を指す。

理論株価を算出するもう1つの手法は，業界平均のPERなどを予測し，一株当たり利益にかけて，相対評価に近い株価を求める方法である。

実務の現場では，未だ，IR活動を「株価を上げるためのマーケティング活動」と誤解している者もいなくはないが，近藤（2007, 92）などが指摘するとおり，IRは株価をあげるために行うものではない。あくまでも，企業の実態に見合った適正な株価を形成するために行うものである。適正な株価の形成は，IRを行う企業の目標でもあり[1]，その結果得られる効果でもある。それゆえ，企業は積極的に情報開示を行い，企業の本質的価値を市場に伝えようと努めるのである。

図2-1　企業価値と株主価値

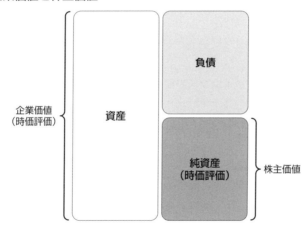

出所：筆者作成。

---

[1] 佐藤（2015b）が，毎年，上場企業向けに行う「IR活動の実態調査」によれば，明文化したIR活動の目標をもっている企業は73.7％であった。その具体的な目標の上位3つが，「株主・投資家との信頼関係の構築」，「企業・事業内容の理解促進」，「適正な株価の形成」であった。

第1部
インベスター・リレーションズの基本

2. 企業価値の向上

　IR活動のもう1つの効果が，企業価値の向上である（佐藤 2015a, 30）。企業価値とは，理論上，企業が将来生成するであろうキャッシュフローを，株主資本と負債の加重平均資本コストで割り引いた，現在価値の総和をいう。

　この意味を理解するためには，企業が行う資金の調達・活用・還元の一連の流れをイメージする必要がある。その理解を助けるのがコーポレートファイナンス（以下，「CF」という）の鳥瞰図である（図2-2）。

　図2-2が示すとおり，企業価値の向上を議論する際，貸借対照表の貸方と借方の検討が必要となる。貸方側の検討とは，どのように資金を調達すべきかという，WACCやCAPMなどの計算式を用いる資本コスト算定の話である。一方，借方側の検討とは，調達した資金をどのように活用すべきかというROE，NPV，DCFなどの計算式を用いて算出する企業が将来生成するキャッシュ・フローを増やすと同時に，資本コストを下げる努力が必要となる。以下では，この資本コストの内容を詳細にみておくこととする。

図2-2　コーポレートファイナンスの鳥瞰図

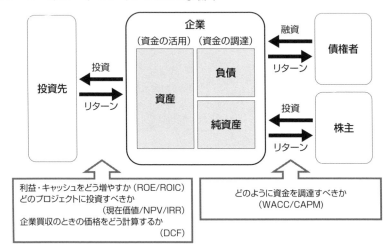

出所：週刊ダイヤモンド（2016, 56）。

第2章 インベスター・リレーションズの理論的考察

(1) 資本コスト

　企業は，外部から資金を「タダで」調達するわけではない。しかるべき調達コスト，いわゆる「資本コスト」を負担しなければならない。資本コストとは，資金を調達するために払うべきコストである。これは，負債（他人資本）の提供者に支払うべき負債（他人資本）コストと，株主資本の提供者に支払うべき株主資本コストからなる。

　ここでいう「コスト」は，概念的なものであり，会計上生ずる現金費用を指しているわけではない。これは投資家にとっての「機会費用」であり，実現を要求する「最低要求収益率」である。言い換えるならば，ある企業に投融資するために，他の企業に投融資するのを諦めたことに対する「最低限これだけは資金運用者から資金提供者に還元しなければならないハードルレート」である（松田 2007, 25）。

　企業が負担しなければならない資本コストは，負債コストと株主資本コストを，それぞれ負債と資本の割合で加重平均したものである。これを「加重平均資本コスト（Weighted Average Cost of Capital：WACC）」と言い，次の計算式で求めることができる。

$$
\text{WACC（加重平均資本コスト）} = \left\{ \frac{\text{株主資本額}}{\text{総調達額※}} \times \text{株主資本コスト} \right\}
$$

$$
+ \left\{ \frac{\text{有利子負債額}}{\text{総調達額※}} \times \text{有利子負債金利} \times (1-\text{税率}) \right\}
$$

※総調達額＝有利子負債額＋株主資本額

　WACCの計算式のなかで，ポイントとなるのが株主資本コストである。債務に対するコストは借入や社債の金利（負債コスト）そのものである。一方，この株主資本コスト（株式のコスト）は，株式市場に上場している企業が，株主に対して支払う配当金などのコストである。

　しかし，もし現時点において無配の企業があったとしたらどのように考えるべきだろうか。株主資本コストについては，仮に今は無配であっても，株

式投資家はその資金提供先の企業から一定の配当があることを本来は「期待」している。あるいは，例えば成長性のあるIT企業のように，安定的な配当を出さないとしても，キャピタルゲインが期待できるとして，株式投資家は一定の値上がりを「期待」している（堀内 2016, 56）。したがって，企業は，この「期待」を株主資本コストの算定に盛り込まなければならない。その際，解を与えてくれるのが，Sharp（1964）によって発表された「資本資産価格モデル」（Capital Asset Pricing Model：CAPM）である。このモデルの計算式は次のとおりである。

株主資本コスト＝リスクフリーレート＋β×株式市場のリスクプレミアム

リスクフリーレートとは，リスクのない安全資産の利子率，例えば国債の利率を指す。βとは，市場リターンに対する保有する証券のリターンの感応度である。この値が高い株式ほど，ハイリスク・ハイリターンとなる。リスクプレミアムとは，リスクのある資産の期待収益率から無リスク資産の収益率を引いた差をいう。すなわち，その証券に対する投資収益率が，安全資産に比べてどの程度不安定かを意味するもので，ぶれが大きいほど上乗せされる。

CAPMの計算式が意味するところは，任意の資産の期待超過リターンは，市場ポートフォリオの期待超過リターンのβ値倍になる，ということである。しかしながら，CAPMは，例えば，「投資家はみんなリスク回避的である」「完全競争市場である」「証券の取引費用はゼロである」など，かなり非現実的な仮定のもとに成立している理論である。CAPMがどの程度，現実を説明する理論かという点では懐疑的な意見もあるが，現実的にはこれ以外の代替的な手法が存在しないため，期待収益率の算出においてCAPMは広く利用されている（堀内 2016, 59-61）。

この資本コストの考え方を前提にして，企業にとっての加重平均資本コスト（WACC）を最小化する負債と資本の組み合わせ（構成比率）のことを「最適資本構成」という。これは，すなわち，企業価値を最大化する負債と資本

の組み合わせを指す。

「MM理論（Modigliani – Millerの定理）」によれば，情報は完全で取得コストがゼロ，法人税がゼロなどの条件を満たす完全資本市場では，企業が資金調達を行う場合には，企業の資本構成がどのように変化しようと企業価値は変化しないといわれている。

しかし，現実の世界でこのような条件は成立せず，企業の資本コストは負債か株式かによって異なってくる。つまり，負債比率が上がると，資本コストが下がるうえに節税効果がある（＝利息を損金算入できる）ため，結果として企業価値は上昇する。ところが，ある臨界点を越えて負債比率が高くなりすぎると，クッションとしての株式の割合が少なくなり，借入金が返済できなくなる財務リスクが高まるため，負債コストが上昇する。これは，格付けが下がることで調達金利が高くなるということである。株主資本コストと節税効果後の負債コストを合成した加重平均資本コストと財務レバレッジの関係を示したのが図2-3である。

図2-3 財務レバレッジと資本コスト

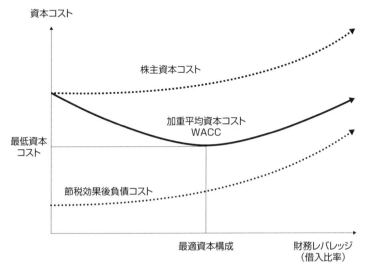

出所：堀内(2016, 64)。

第1部
インベスター・リレーションズの基本

図2-4 事業特性にあった負債資本比較

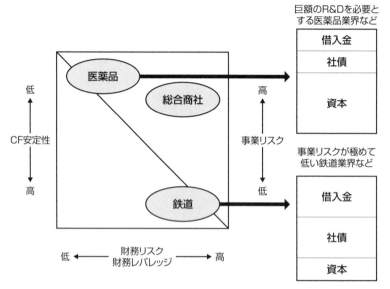

出所：堀内(2016, 65)。

　ただし，最適資本構成になるよう負債と資本の調達比率をただちに実現できるかといえば，それはかなり難しい。なぜなら，各社の資本構成は，その時々の事業戦略と調達可能な資金を組み合わせ，債権者であるメインバンクと相談しながら歴史的に積み上げてきたものの結果だからである（堀内 2016, 63）。したがって，現在の資本構成を，ファイナンス理論によって導き出される最適資本構成や同業他社の資本構成を参考にしながら検証し，漸新的に調整していくというのが，現実的な対応であろう（堀内 2016, 65）。

　また，企業の資本構成は，その業界の特性によるところも大きく，抽象的に全社共通の最適資本構成というのは存在しないので，事業特性にあった資本構成も意識する必要がある（図2-4）。図2-4では，業界ごとに異なる，企業が生み出すCFの安定性，事業リスク，そして，財務リスクを考慮した負債と資本の構成比率を示したものである。

第2章
インベスター・リレーションズの理論的考察

図2-5 企業価値の概念図

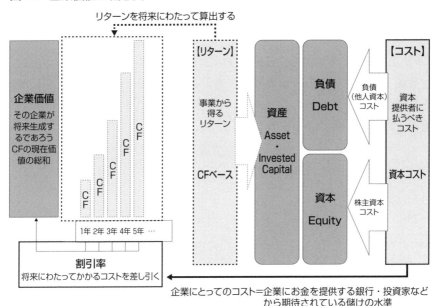

出所：松田（2007, 25）を参考に筆者一部改編。

（2）企業価値

　一方，貸借対照表の借方側，すなわち，資金の活用とは，企業が調達資金を何らかの事業に投資することをいう。資金活用で成果（リターン）を得ることにより，企業は，資金提供者に配当として成果を還元することが可能となる。それゆえ，企業にとって重要なことは，資本コストを上回る収益力をもつ事業（将来的にキャッシュフローを継続して生み出す事業）へ投資することである。言い換えるならば，資本コストを賄える自己資本利益（ROE）をあげることである[2]。

　図2-5は，この「コスト」と「リターン」の位置付けを明らかにしながら企業価値を概念的に示したものである。先に述べたとおり，企業価値とは，「企業が将来生成するであろうキャッシュフロー（リターン）から，株主資

---
[2] 日本企業のROEを巡る議論は「伊藤レポート」（経済産業省 2014）参照のこと。

本と負債の加重平均資本コスト（コスト）で割り引いた，現在価値の総和」である。

（3）企業価値を高めるために必要なIRの条件

　佐藤（2015a, 36）は，企業価値を向上させるためのIR活動に必要な条件としては，次の5つを挙げている。第1は，資本コストとは何かを経営者が理解すること。第2は，経営者が資本コストを上回る収益力をもつ事業に投資し，成果を上げること。第3は，経営者が資本コストの減少を目指すこと。第4は，経営者が投資家の信頼を得ること。第5は，投資家に報いること，である。

　宮永（2012）は，株主資本コストに関して，株主・投資家と企業経営者の間に認識ギャップがあることを実証研究により明らかにした。そして，企業経営者は自社の株主資本コストの重要性を十分に認識したうえで，次の4つに対して責任を負うべきと指摘している。第1に，自社の株主資本コストを定義し決定する。第2に，株主資本コストの定義と推計値を株主に開示する。第3に，経営成果との関係において十分な説明責任を果たす。さらに，第四として，適切な情報開示によって市場株価の適正化を図る。

　両者はともに，企業価値向上の前提条件は，経営者が自社の資本コストの意味を理解することと指摘している。これは，現在のわが国企業経営者のIR活動あるいは経営財務に対する知識レベルの現状を着実に表している点といえよう。資本コスト低減は経営者の責務であり，経営者は，資本コストと経営成果の関係において十分な説明責任がある。それら適切な情報開示により投資家の信頼を得ることで，企業の本質的な価値を反映した適正な株価が形成される。

　適正な株価が維持されれば，機動的な資金調達ができるため，成長にむけての事業展開や設備投資をすることも容易になる。さらに市場の声を経営者に伝え，経営課題が浮き彫りになることで，企業価値の創造や向上に結び付く経営が期待されるのである。

第2章 インベスター・リレーションズの理論的考察

3. 情報開示・資金調達・企業統治の関連性

　積極的な情報開示は，スムーズな資金調達に結び付くだけではない。資金調達は外部のガバナンスを受け入れることを意味し，積極的な情報開示は経営の透明性を求める市場の要求に応えることにもなる。それゆえ，IR活動における情報開示は，資金調達および企業統治と結び付けて考えるのが妥当であろう。このような，情報開示，資金調達，企業統治の一連の活動を，企業と市場の関係性のなかで表したのが図2-6である。

　資本市場から資金を調達する企業は，市場にむけた説明責任を負う。そして，市場から調達した資金を企業は運用・管理し，その果実を市場に還元する。また，市場から資金を調達することは，市場からの規律付けを受け入れることを意味し，経営の透明性を示すために企業は情報開示を行う。

　一方，市場サイドにいる資金提供者（株主・投資家）は，開示される企業情報の何をみるべきか。それは，「企業戦略」「企業基盤」「企業実績」である。投資家は，これらの情報から，資金提供先企業のキャッシュフローを生み出す力，企業統治の実効性，過去のある時点でたてた将来仮説の正しさの立証，を確認することができるのである（松田 2016, 28-29）。

図2-6　企業と市場の関係

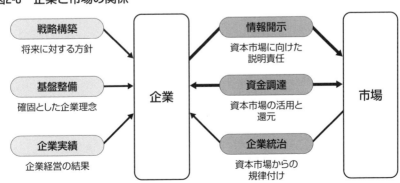

出所：松田（2016, 28）。

第1部

インベスター・リレーションズの基本

第2節　IR活動の基底となる理論的枠組み

　ここからは，理論的フレームワークを用いてIR活動を考察していくものとする。従来，IR活動における情報開示や企業統治は，エージェンシー理論によってその意味付けがなされてきた。IRは，株主と経営者の情報の非対称性を緩和する手段，あるいは，両者の利害不一致から生ずるリスクを回避する手段として捉えられ，積極的なIR活動がエージェンシー・コストを低減する，というかなり大雑把な解釈がされてきた。

　そこで，本節では，IR活動により低減される「コスト」に焦点をあて，そのコストの中身を掘り下げていくことで，IR活動を行う理論的根拠を再定義していきたい。

　ここで改めて，市場と企業の関係性のなかでIR活動を位置付けるならば，IRは，市場活動でありながら，企業活動でもある。そして，企業の開示活動は組織横断的な協力体制があってこそ可能なものであり，組織として，戦略を練りながら進めるものである。先行調査（企業活力研究所 2012, 31）からも，上場企業が，IRの運営について，IR部門を中心に，広報部門，経営企画部門，経理部，財務部など，多数の部門を跨いで情報開示活動の体制を構築していることがわかっている。それゆえ，IR活動を語る際，市場に注目した経済学の視点のみならず，組織の役割に注目した経営学の視点を考慮する必要がある。その際，有効な手助けとなるのが「組織の経済学」を構成する理論群である。

　IRは経済学と経営学などさまざまな分野を跨いで論じられる比較的新しい学問領域である。一方，「組織の経済学」は，経済学と経営学の両方に跨る学際的な学問領域であり，経営学で扱われてきたさまざまな対象を経済学的な手法を用いて分析する新しい研究領域である（菊澤 2016, ⅲ）。この分野は経済学の理論性と経営学の実践性を兼ね備えた分野であり，IRを考察するうえで，最適な理論的フレームワークを提供してくれるものと筆者は考

える[3]。

1. 組織の経済学の視点

　従来，市場の役割だけに注目してきた新古典派経済学では，市場を唯一絶対的な効率的資源配分システムとして説明するために，企業は「完全合理的」に「利益最大化」する経済人として擬人化され，単純化されていた。

　しかし，この経済人に対し，経営学の分野から批判を投げかけたのはSimon（1961）であった。Simon（1961）は，人間は「完全合理的」ではなく，「限定合理性」に従って行動しているとした。すなわち，人間は，経済学で仮定されているような完全合理的な経済人ではないとし，何よりも人間の情報収集・処理・伝達能力は限定されており，限定された情報のなかで意図的に合理的にしか行動できないとした。

　さらに，企業の「利益最大化」を批判したのがBerle and Means（1932）であった。巨大企業では所有と支配が分離しているため，現代企業は利益最大化していないとしたバーリー＝ミーンズの所有と支配の分離のテーゼを積極的に取り入れながら，新しい企業理論を構築していったのがBaumol（1959），Marris（1963），Williamson（1967）らであった。彼らは所有と支配の分離によって自由裁量を勝ち取った経営者はもはや株主の忠実な代理人として利益最大化するのではなく，何らかの制約のもとに経営者自身が望む固有の目的を追求するものと考えた。これが，株主の利益を犠牲にして経営者自身が自らの効用を最大化するという「効用最大化」の仮定につながる。

　この人間の「限定合理性」と「効用最大化」の仮定を受け継いで登場したのが「組織の経済学」である（菊澤 2016, 5-7）。菊澤（1998）によれば，組織の経済学は，単一の理論ではなく，Coase（1937）やWilliamson（1975）

---

[3] IRの情報開示活動（ディスクロージャー）に着目した経済学的アプローチとしては，須田（2008），薄井（2008）がある。須田（2008）は，契約の経済学の視点からディスクロージャーを分析した。そして，不完備契約に対処する仕組みにおいてディスクロージャー情報が活用されていることを確認した。一方，薄井（2008）は，情報の経済学とディスクロージャーの観点から，会計理論研究および会計における資本市場研究を概観したうえで，それ以降のディスクロージャー研究の課題を検討した。これら一連の考察は，現在のIR研究にも生かされている。

たちによって展開された取引コスト理論，Jensen and Meckling（1976）や Fama（1980）たちによって展開されてきたエージェンシー理論，そして Alchian（1965）やDemsetz（1967）たちによって展開されてきた所有権理論などの一連の理論群から構成される。そのうち，IR活動を考察するうえで注目すべきは，取引コスト理論とエージェンシー理論である。

2. 取引コスト理論とIR

(1) 取引コスト理論の概要

菊澤（2016, 19-22）によると，ここでいう「取引コスト」とは，必ずしも会計上に現れるわけではないという意味で，みえないコストであり，人間関係の機会主義（opportunism）的行動から発生するコストである。

しかし，Coaseの取引コスト理論では，そもそもなぜ取引コスト理論が発生するのかという基本的な問題が解かれていなかった。この問題に強い関心をもち，Coaseの議論を発展させ，取引コスト発生メカニズムを明らかにしたのがWilliamsonである。Williamsonは，なぜ取引コストが発生するのかを説明するために，新古典派経済学で説明されてきた「効用最大化仮説」（NC1）と人間の「完全合理性」（NC2）の仮定に注目した。

（NC1）すべての人間は効用最大化しようとする。
（NC2）すべての人間は完全な情報収集，情報処理，そして情報伝達能力をもち，その能力を用いて完全に合理的に行動する（全知だが全能ではない）。

そして，Williamsonは，これらの仮定のうち完全合理性の仮定を非現実的とし，Simon（1961）の影響を受けて，「機会主義（opportunism）」（TC1）の行動仮定を「限定合理性（bounded rationality）」（TC2）の仮定と取り入れた。

（TC1）すべての人間は自分の利益のために悪徳的に行動する可能性がある[※]。

第2章
インベスター・リレーションズの理論的考察

（TC2）すべての人間は情報の収集，情報の計算処理，そして情報の伝達表現能力に限界があり，「合理的であろうと意図されるが，限定的でしかありえない（Simon 1961）」。

※この「機会主義」の仮定（TC1）は，「効用最大化」の仮定（NC1）と本質的には同じものである。というのも，内面からみたときに効用最大化している人間行動は，外からみると悪徳的な機会主義的行動としてみえるからである。

このように，限定合理的で機会主義的な人間同士が取引するとすれば，取引コストが発生する。人間は情報の収集，処理，伝達能力に限界があり，機会主義的性向をもつので，互いに取引する場合，相手をだましてでも利益を得ようとするだろう。このとき，相手にだまされないために，互いに取引契約前に相手を調査し，取引契約中に正式な契約書を交わし，そして取引契約後も契約履行を監視する必要があり，そのためにコストが発生する。これらの取引を巡る一連のコストが取引コストであり，Williamsonが考える取引コスト発生のメカニズムである。

このような取引コストを節約するために，人間の機会主義的行動の出現を抑止するさまざまなガバナンス制度が展開されうるということが，Williamsonの取引コスト節約原理である。詳細は後述するが，この原理こそ，IR活動を理論的に定義する際の基軸となる考え方である。

しかもWilliamsonは，「資産特殊性（asset specificity）」「不確実性（uncertainty）」「取引頻度（frequency）」に依存して，取引コストが増減することに気づいた。

①資産特殊性
　Williamsonは，取引には資産特殊な取引と，資産特殊でない取引に区別されるとした。資産特殊な取引とは，取引当事者が保有している資産が特殊である取引であり，そのような特殊な資産とはある人と取引をするとその価値

は高まるが，別の人と取引をするとその価値が低下するような資産である。
　一般に，特殊な資産に関連する取引では，取引当事者はともに限定合理的であり，機会主義的に行動する可能性がある。その際，当事者間で不必要な駆け引きや交渉がなされるので市場取引コストは高くなる。

②不確実性

　Williamsonは，取引は不確実で錯綜した取引と確実で明確な取引に区別されるとした。取引相手の情報はほとんど得られないような不確実で錯綜した取引では，取引当事者はともに限定合理的であり，相互に機会主義的にだまし合いをする可能性がある。それゆえ，一般にこのような取引状況では取引コストは高くなる。

③取引頻度

　取引には1回かぎりの取引と繰り返しなされる取引がある。頻度が高い取引では，取引当事者が限定合理的で，機会主義的に行動する可能性があるとしても，取引回数に比例して離齬に相手の情報を得ることができるならば，機会主義的行動は抑制され，取引コストは節約される。しかし，たとえ取引頻度が高くても，相手の情報がまったく得られない場合には，逆に頻度に比例して機会主義が表れるので取引コストは増加する。

　以上のように，資産特殊性，不確実性，そして取引頻度などの取引状況の特徴によって，取引コストは増減する。

（2）取引コスト理論のIRへの応用

　ここからは，取引コスト理論をIR活動における資金調達コストを巡る議論に応用していく。ここでポイントとなるのが，人間の限定合理的で機会主義的行動から発生する取引コストを，企業の資金調達で生ずる資本コストと重ね合わせて論及することである。
　先述したとおり，資本コストとは，負債コストと株主資本コストからなり，

企業が負わなければならない資金調達にかかるコストである。ここでいう「コスト」は，概念的なものであり，会計上生ずる現金費用を指しているわけではない。これは投資家にとっての「機会費用」であり，実現を要求する「最低要求収益率」である。

　先行研究では，日本企業が行う情報開示活動の良し悪しが，資本コストに影響を与えることが証明されている（音川 2000; 須田他, 2004a）。ここでいう良し悪しとは，情報開示の頻度やタイミングであり，その開示内容の精度を指す[4]。情報開示活動を企業と市場間の取引として拡大解釈すれば，ここでいう頻度や精度は，取引コストの増減に影響を与える，取引頻度と不確実性と近似するものと捉えることができる。さらに，取引コストの増減に影響を与える資産特殊性は，企業が行う事業そのものの特殊性と読み替えることができよう。この資産特殊性と資本コストの関係に新たな解釈を与えてくれるのが，菊澤が再構成した取引コスト理論とコーポレートファイナンスの考え方である（菊澤 2016, 99-101）。

　企業が資本家から資金を調達するということは，その代わりに資金提供者によるガバナンスを受け入れることを意味する。借入金として資金調達するのであれば債権者によるガバナンスを，また，株式をとおして資金調達する場合，企業は株主による何らかのガバナンスを受け入れることになる。借入金および株式として資金を調達する際の特徴をまとめたのが表2-1である。このうち，存在の根拠，請求権，議決権が，資金提供者によるガバナンスの特徴を示したものである。

　議決権を有しない債権者は，債務不履行のない平時では経営に直接介入することはない。一方，議決権を有する株主は，企業に対し包括的にさまざまな方法をとおして介入することができる。

　ある企業が何らかのビジネスを展開するために，広くどの企業とも取引できるような一般的な資産を形成する必要があるとしよう。一般的な設備や装置は，仮に債務不履行が発生し，企業資産を生産処理しなければならなくなっ

---

[4] ここでいう情報開示活動のよい企業とは，日本証券アナリスト協会が1995年から毎年行う「ディスクロージャー優良企業選定」の上位企業を指す。

表2-1　借入金と株式の違い

資金調達手段		
特徴	借入金	株式
存在の根拠	契約による	法律による
請求権	優先	劣後
議決権	なし	あり
資金の性質	確定日に返済義務あり	返済義務なし
返済期限	1～10年程度（短・中期が中心）	株式：期限なし（返済不要）
リスクの所在	信用リスク	株価リスク
リスク選好度	低い	高い
リターンへの期待	金利	キャピタルゲイン及びインカムゲイン
リターンの実現	契約による	企業業績による
手続き	比較的早く，簡便	時間がかかり，煩雑

出所：坂本・鳥居（2015, 106），松田（2007, 147）を参考に筆者作成。

たとしても，売却することが比較的容易である。それゆえ，そのような資産は債権者にとって資金回収を巡る取引コストは低いと考えられる。したがって，一般的資産に投資するために，銀行から資金調達する場合，銀行と企業との駆け引きは少なく，資金調達を巡る取引コストは比較的低いと考えられる。

　これに対して，一般的資産を形成するために，株式市場を利用して資金を調達しようとすると，「株主はこのような企業にあえて投資するための特別の理由」（菊澤 2016, 100-101）を見出すことができない。それゆえ，この場合，株主との資金調達を巡る取引コストは比較的高くなるだろう。

　今度は，企業があるビジネスを展開するために特殊な資産を形成する必要があるとしよう。この場合，非常に特殊な設備や機械は，債務不履行が発生した場合，広く一般に売却することが非常に難しく，資金回収を巡る取引コストは高くなる。それゆえ。特殊な資産への投資のために，企業が銀行から資金を調達する場合，銀行との駆け引きは多くなり，取引コストは高くなるだろう。

図2-7 資金調達と取引コスト

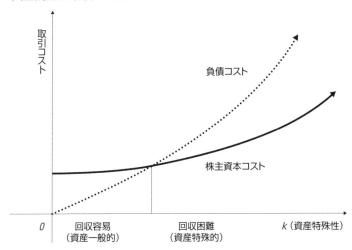

出所：菊澤(2006, 101)。

　これに対して，特殊な資産に投資する場合，株主は包括的に経営活動に介入でき，ある程度，企業をコントロールすることができる。それゆえ，この場合，企業は株式をとおして自己資本を調達する方が取引コストは低くなる可能性がある。以上のことを図式化したのが図2-7である。

　この図の横軸は資産特殊性を表し，縦軸は資金調達を巡る取引コストを表している。図より，資産が一般的なときには，負債による資金調達を巡る取引コスト曲線は株式による資金調達を巡る取引コスト曲線よりも低い。一方，資産が特殊になると逆になり，負債による資金調達を巡る取引コスト曲線は株式による資金調達を巡る取引コスト曲線よりも高くなる。

　この図より，資金回収が比較的容易な一般的資産を形成する場合には，負債中心の調達，つまり，債権者によるコーポレート・ガバナンスを受け入れることが取引コストを節約でき，より効率的となる。これに対して，資金回収が難しい特殊な資産を形成してビジネスを展開するときには，株式中心の資金調達，つまり株主によるコーポレート・ガバナンスを受け入れることが取引コストも低く，効率的であるといえる。

第1部
インベスター・リレーションズの基本

　企業の資本構成は，その業界の特性によるところも大きく，事業特性にあった資本構成を意識する必要があることは先に述べたとおりである（図2-4）。その際，業界ごとに異なる，CFの安定性，事業リスク，財務リスクを考慮する必要があると指摘したが，取引コスト理論的にいえば，これら三要素は，資産特殊性を構成する要素の一部といえよう。

　話を整理すると，株主が，「あえてこの企業に投資するための特別な理由」を提供しうる資産特殊性をもつ企業は，自社情報を適切に市場に伝えることにより，株式による資金調達を効率的に行うことができると考えられるのである。

　すなわち，そのような企業においては，株式による資金調達を行い，株主によるガバナンスを受け入れる方が，人間関係の機会主義的行動から発生する取引コストを抑えることができるのである。

　これが，IR活動における資金調達に着目した取引コスト理論的解釈である。

3. エージェンシー理論とIR

(1) エージェンシー理論の概要

　ここからは，菊澤（2016, 116-130）に基づき，組織の経済学を構成するもう1つの概念，エージェンシー理論を用いてIR活動を考察していく。

　新古典派経済学では，さまざまな仮定がなされるが，とくに人間の行動仮定として，以下のような効用最大化仮説と完全合理性の仮定が重要な役割を果たしている。

（NC1）すべての人間は効用最大化しようとする。
（NC2）すべての人間は完全な情報収集，情報処理，そして情報伝達能力をもち，その能力を用いて完全に合理的に行動する（全知だが全能ではない）。

　このような完全合理性のもとでは，人間は他人をだまして自己利益を追求することができない。というのも，すべての人間は相手の行動を完全に知る

ことができるからである。

これに対して,エージェンシー理論では,新古典派経済学の完全合理性の仮定がゆるめられ,人間の行動仮定に関して,以下のような形で効用最大化仮説と限定合理性の仮定が導入された。

(AC1) すべての人間は効用最大化するが,その利害は必ずしも相互に同じではない(利害の不一致の仮定)。
(AC2) すべての人間は情報の収集,情報処理,そして情報伝達能力に限界があり,相互に同じ情報をもつとは限らない(情報の非対称性の仮定)。

これらの仮定のもとに企業を分析する場合,もはや企業家の行動だけを理解するだけでは十分ではない。より正確に,株主と経営者,経営者と従業員といった異なる利害をもつ主体間の関係に注目する必要がある。

このような関係をより正確に捉える一般的フレームワークとして,エージェンシー理論では,プリンシパル(principal:依頼人)とエージェント(agent:代理人)という概念が導入される。ここでは,ある目的を達成するために権限を委譲する人はプリンシパルと呼ばれ,権限が委譲され代行する人はエージェントと呼ばれる。そして,プリンシパルが自分の目的のためにエージェントに権限を委譲して特定の仕事を代行させる契約関係はエージェンシー関係と呼ばれる。エージェンシー理論はこのような関係を分析の基本単位とする。

限定合理性の仮定のもとでは,エージェントはプリンシパルの不備に付け込んで,悪徳的に利益を得ることができる。このように相手の不備に付け込んで,悪徳的に自己利益を追求する行動は「機会主義的行動」と呼ばれ,このような行動をもたらす非効率な資源の配分と利用現象として,アドバース・セレクション(adverse selection:逆選択)やモラル・ハザード(moral hazard:道徳的危険)が有名である(Arrow 1985)。

第1部

インベスター・リレーションズの基本

①アドバース・セレクション

アドバース・セレクションとは，プリンシパルとの契約前にエージェントが隠れた情報をもっている場合に生じる非効率な現象であり，進化論が説明するように優れたものが生き残るのではなく，逆に悪しき劣ったものだけが生き残るという現象である。

このアドバース・セレクションへの対策として2つの方法が知られている。1つは，シグナリング（情報発信）であり，もう1つがスクリーニング（ふるいわけ）である。

シグナリング

まず，1人のプリンシパルに対して，複数のエージェントが存在するとしよう。プリンシパルと複数のエージェントの利害は必ずしも一致しない。しかも両者の間に情報の非対称性も成立しているとする。この場合，何もしなければ，プリンシパルの不備に付け込んで，自らの利益だけを追求する悪しきエージェントたちはプリンシパルとの取引を不利に進めるので，プリンシパルと利害が一致する良きエージェントにとって，プリンシパルとの取引は相対的に不利になる。

このとき，悪しきエージェントと誤解されないように，良きエージェントは何らかの方法でプリンシパルに対して，自分に関するより正しい情報を事前に提供しようとする場合がある。これが「シグナリング」である。これはまさに，企業が自分の本来の姿を理解してもらおうと株主・投資家に対して，自発的に情報開示する行動を指す。

スクリーニング

これに対して，情報のないプリンシパルがだまされないように事前に何らかの方法で複数のエージェントのなかから悪しきエージェントと良きエージェントを区別しようとすることもできる。これが「スクリーニング」である[5]。

---

5) スクリーニングの詳細はSpense (1973)。

②モラル・ハザード

モラル・ハザードとは，プリンシパルとの契約後にエージェントが隠れて不正で非効率な行動を行う現象である。例えば，企業経営者は契約するときに株主の利害に従うことを約束するかもしれない。しかし，契約後，株主は経営者の行動を完全に観察できないので，経営者はそれに付け込んで株主の利益を無視し，隠れて自己利益を追求する可能性がある。このような非効率な現象が，モラル・ハザード現象である。

このように，エージェンシー関係から発生する機会主義的行動によってもたらされる非効率な資源の配分と利用問題は，エージェンシー問題と呼ばれる。そして，この非効率を反映して生み出されるコストはエージェンシー・コストと呼ばれる。

③エージェンシー・コスト

エージェンシー・コストは，さらに，モニタリング・コスト，ボンディング・コスト，そして残余ロスに区別される。

モニタリング・コスト

モニタリング・コストとは，プリンシパルがエージェントの行動を監視することにより発生するコストである。例えば，プリンシパルである株主はエージェントである経営者をモニタリングするための株主総会や監査役会や取締役会を設置するためのコストである。

ボンディング・コスト

しかし，プリンシパルは，可能ならこれらの費用を非効率なエージェントに帰属させようとする。プリンシパルが銀行であるならば，貸付利子を高くする形で，モニタリング・コストをエージェントである経営者に帰属させようとする。

経営者にとってこのコストがあまりに高い場合には，自らの潔白さを示す

ため,銀行から役員を受け入れたり,公認会計士に監査をさせることもできる。このとき,発生するコストがボンディング・コスト(自己拘束コスト)である。

残余ロス

さらに,エージェントである経営者の自己利益を追求する意思決定と,富を最大化しようとするプリンシパルである株主の意思決定との間には埋めることができない根本的な違いがある。その違いによって発生するプリンシパルの富の減少が残余ロスである。

以上のような3つのコストがエージェンシー・コストと呼ばれるものであり,これらのコストを節約するためにさまざまなガバナンス制度が設計されるという見方にたって,現実のさまざまな制度を分析する理論が実証的エージェンシー理論である。

このようなエージェンシー理論では,企業とは経営者を中心とする複数のエージェンシー関係から構成される契約の束(ネクサス)とみなされる(図2-8)。

図2-8 契約の束(ネクサス)

出所:筆者作成。

IR活動の観点から最も注目されるのは、株主と経営者との関係である。資金調達に関していうならば、さらに債権者と経営者の関係も考慮する必要がある。

このような契約の束のなかで発生するエージェンシー・コストを事前に抑制するためのさまざまな制度——例えば、締役会制度、会計監査制度、報酬制度、株式市場制度のように、フォーマル、インフォーマル、セミフォーマルな統治制度など——が展開されることになる。この基本的考えのもと成立するのがエージェンシー理論である。

(2) エージェンシー理論のIR活動への応用

ここでは、エージェンシー理論を用いて、資金調達における最適資本構成を巡る議論を考察していくものとする。

先述したとおり、Modigliani and Miller (1958; 1963) によって展開されたMM理論によると、完全競争市場では企業にとって最適資本構成は存在しないということ、また法人税が課せられる状況では負債比率が高いほど企業の資本調達は効率的になるとの帰結が導かれた。

ここで想定する仮定は現実の世界で成立するものではないが、彼らの考えに、理論的に反論したのがJensen and Meckling (1976) であった。彼らは、エージェンシー理論に基づいて再び最適資本構成が存在することを説明した。

さらに、菊澤 (2016) は、Jensen and Meckling (1976) が行ったファイナンス分野へのエージェンシー理論の応用を再構成している。ここでは、菊澤 (2016, 180-187) の解釈を論考の基点として、エージェンシー理論のIRへの応用を試みる。

①最適資本構成のエージェンシー理論分析

資金調達に関しては2つのエージェンシー関係が存在する。1つは、自己資本を巡る株主と経営者とのエージェンシー関係である。この関係に注目すれば、両者の利害は必ずしも一致しないし、両者の間には明らかに情報の非対称性が成立する。それゆえ、Berle and Means (1932) が主張したように、

経営者は株主の不備に付け込んで非効率に行動する可能性がある。この非効率を反映して発生するコストが自己資本を巡るエージェンシー・コストである。

しかし，これらの経営者の非効率な行動を抑制するため，株主は，取締役会制度，会計監査制度，企業買収などの市場からの圧力を利用して経営者をガバナンスすることができる。

ただ，このようなガバナンス制度が展開されたとしても，その制度設計にコストがかかるので，モニタリング・コストとボンディング・コストはゼロにはならない。

資金調達を巡るもう1つのエージェンシー関係が，負債を巡る債権者と経営者の関係である。ここでも，両者の利害は一致せず，情報も非対称なので，エージェンシー・コストが発生する。

しかし，債権者と経営者の利害対立は原理的なものである[6]。つまり，経営者はリスキーな投資に成功すれば株主の承認を得て多大な利益を得ることができ，失敗しても出資した額に対応した額だけ責任をとれば良い，つまり有限責任である。これに対し，債権者はハイリスク・ハイリターンの投資が成功したとしても，約定利子と元金しか得られないため，このようなリスキーな投資を嫌う。

このような状況で，経営者が債権者の利害を無視して，非効率かつ不正に資金を利用する可能性があるため，エージェンシー・コストが発生する。

しかし，債権者はローンに対して担保をとるのが一般的である。また，財務制限条項を契約書に加えたり，決済口座を作らせたりして取引を監視しようとする。とはいえ，このようなガバナンス制度が展開されたとしても，制度設計にコストがかかるため，負債を巡るモニタリング・コストとボンディング・コストはゼロにはならない。

以上のことから，どのようなガバナンス制度を構築するかによって，これら2つのエージェンシー関係が生み出す総エージェンシー・コスト（total agency cost：TAC）を最小化できるのかが，コーポレート・ガバナンスの中心問題となる。

---

[6] 表2-1「借入金と株式の違い」の「リスク選好度」および「リターンへの期待」参照のこと。

エージェンシー理論によると，株主も債権者もともに限定合理的であるため，株主だけでもあるいは債権者だけでも十分に企業をガバナンスすることはできない。むしろ，利害対立する株主と債権者をあえて並存させ，両者によるコーポレート・ガバナンスを展開することによって，経営者がより強く規律付けられ，より効率的なコーポレート・ガバナンスが可能になると考えられる。この関係を示したのが，図2-9である。

図2-9では，縦軸に非効率を表すエージェンシー・コスト（AC）をとり，横軸に負債比率をとる。横軸の左端の負債比率はゼロであり，右端は負債比率100％で，自己資本比率がゼロになるものとする。

ここで，負債がゼロのとき，自己資本比率は100％なので，たとえ株主による効果的なガバナンスが展開されたとしても，自己資本を巡るエージェンシー・コスト（SAC）は最大となり，負債を巡るエージェンシー・コスト（DAC）はゼロとなる。

一方，負債比率を100％，自己資本比率を0とした場合，負債を巡るエージェンシー・コスト（DAC）は最大となる。

図2-9　最適資本構成とエージェンシー・コスト

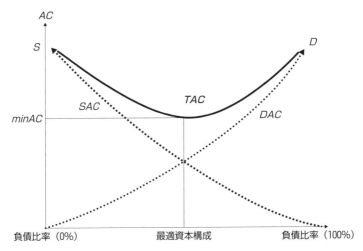

出所：菊澤(2016, 187)。

these 2つのコストを加えたコストが総エージェンシー・コストである（TAC）。そして，TACを最小化するコストがコーポレート・ガバナンスの観点からみた最適資本構成となる。

そこで，IR活動における資金調達，企業統治，そして，情報開示の一連の流れを，エージェンシー理論を用いて解釈するならば，以下のようになる。

エージェンシー理論的には，企業が資金調達を行う場合，株主と債権者の両者から資金調達を行うのが，エージェンシー・コストを下げるうえでは有効と考えられる。なぜなら，企業をガバナンスする主体である株主と債権者は，いずれも限定合理的なので，それぞれが単独で行ったとしても十分なガバナンスを働かせることはできないからである。そこで，両者によるコーポレート・ガバナンスを展開することによって，経営者がより強く規律付けられ，より効率的なコーポレート・ガバナンスが可能になると考えられる。

しかし，どのような負債資本構成比率になったとしても，エージェンシー・コストをゼロにすることはできない。そのコストのなかでも，企業が負うコストがボンディング・コストであり，株主および債権者が負うコストがモニタリング・コストである。

すなわち，IR活動において，積極的な情報開示を行い，経営者と株主との情報の非対称性を緩和し，両者の利害を一致させることは，企業が行うボンディング行動といえる。

ここまでみてきたとおり，IR活動の目標および効果として，資本コストの低減を目指すのであれば，株主と債権者の両者より資金調達を行い，最適資本構成を検討すべきという実務上の帰結と，取引コスト理論およびエージェンシー理論から導き出される結論は一致するのである。

第2部

インベスター・リレーションズの応用

― 企業情報開示の現代的課題を巡る考察 ―

　第2部は，IRにおける情報開示の現代的課題に着目した実証的考察により構成される。
　第3章および第4章は「時間軸」の視点から研究を進める。昨今におけるIRを取り巻く環境変化により，企業に求められる開示情報も変化してきている。ここでは，「ショート・ターミズムと業績予想」および「長期視点と非財務情報開示」を巡るわが国市場の動きを実証的に考察していく。
　第5章および第6章は「外部評価」の視点から研究を進める。わが国には，IR活動を評価する外部機関が複数存在し，この状況は世界的にみても珍しく，日本の情報開示活動の特徴といえる。ここでは，「外部評価の現状」および「外部評価データを用いた株主構成の定量的考察」として，定性的および定量的アプローチによりわが国企業のIR活動を考察していくものとする。

第3章

IR活動における時間軸の課題（1）

－ショート・ターミズムと業績予想開示[1]

---

1) 本章は，太田・姜（2011）「米国における経営者予想開示の推移とわが国へのインプリケーション」『証券アナリストジャーナル®』平成23年6月号掲載論稿，および，姜（2012a）「フィナンシャル・ガイダンスに関する日米比較－情報発信者と受容者の意識に関するクロスチェック－」『証券経済学会年報』第47号掲載論稿の内容をもとに作成したものである。太田・姜（2011）論文の共著者である関西大学の太田浩司教授は本章作成にあたり当論文の引用を快諾して下さった。この場を借りて深く感謝申し上げたい。

第2部
インベスター・リレーションズの応用
－企業情報開示の現代的課題を巡る考察－

第1節　はじめに

　本章では，ショート・ターミズムと業績予想の関連性に焦点をあてながら日米企業の業績予想開示の現状を考察していくものとする。本章の目的は，業績予想開示に関する日米の違いを明らかにし，日本企業の業績予想開示の在り方に対するインプリケーションを引き出すことである。

　実務上，従来，企業が行ってきた短期の業績予想開示は，投資家のショート・ターミズムを助長するとの批判がある。一方，その取扱いには，企業もアナリスト・投資家も最大限注意を払う重要情報である。なぜなら，それは，企業経営者が利益を外部に報告するとき目標値として最も重視するベンチマークであり，業績予想を行い株価の見通しをもつことはアナリスト・投資家の主要な役割だからである[2]。研究上においても，業績予想開示は国内外多くの研究者たちが注目するテーマである[3]。

　本章では，近年，わが国で議論された業績予想開示の廃止を巡る市場関係者の意見を中心に，日米における業績予想開示の実態について詳細な分析を行うものとする。

　本章では，ショート・ターミズム（Short Termism）を次のとおり定義している。すなわち，ショート・ターミズムとは，「経営者，投資家そしてアナリストたちの過度な短期志向，すなわち，長期的な成果を犠牲にしてでも短期的な結果を求めるという近視眼的傾向」である（太田・姜 2011, 31）。

　本章の構成は次のとおりである。第1節では，先に，米国における業績予想開示を巡る動向を概観する。わが国における業績予想開示を巡る議論は，米国をはじめとした諸外国の動向を踏まえたうえで多くの意見が交わされている。そのため，米国の動きを丹念にみておくことは，わが国における業績

---

[2] 須田・花枝（2008）によれば，企業経営者が利益を外部に報告するとき，目標値として最も重視するのが「自社が公表した予想値」である。また，北川（2007a）は，「アナリストの命は，将来に対する業績予想」と表現している。

[3] Chen *et al.* (2006), Houston *et al.* (2007), 太田（2007, 2008）など多数。

予想を巡る議論の理解を助けることになる。

　第2節では，わが国における業績予想開示がスタートするまでの経緯を概観する。その後，2010年からはじまったわが国における業績予想開示の廃止を巡る市場関係者たちの意見を整理分析する。

　第3節では，2012年3月期決算から完全なる自主開示となった業績予想の開示状況について，廃止前と後の状況を比較し，その変化を検証する。最後に，比較分析により明らかになった業績予想開示における日米の共通点と相違点を整理し，日本企業に対するインプリケーションを明示する。

第2節　米国における業績予想を巡る動向

1.　ショート・ターミズム批判と経営者利益予想廃止の主張[4]

　ショート・ターミズムに関する批判は，何も最近にはじまったことではない。Moore（1998），Pearlstein（2009）によれば，米国や英国においては，80年代からショート・ターミズム批判が沸き起こっていた。「当時の米英では，アクティビストによる敵対的M&Aが盛んで，企業の経営者たちはそのような敵対的買収から身を守るために，短期の利益を増やし，株価を高い水準で維持する必要があったのである。つまり，敵対的買収の脅威に常にさらされている状況では，企業の経営陣は，利益を生み出すまでに時間のかかる長期投資を実施することを躊躇し，おのずと近視眼的な経営方針を取らざるを得なかったのである。そして，当時の米英のショート・ターミズム批判の論拠としては，それが日本やドイツとの企業間競争力の差の源泉となっている」というものであった（太田・姜 2011, 31）。

　1995年にはPSLRA法が施行され，当法にセーフハーバー条項が設けられたことにより，多くの米国企業は一定の利益ガイダンスを行うようになった。

---

[4]「企業の内部者である経営者自らが公表する将来の利益予想は，米国では，通常アーニングス・ガイダンス（Earnings Guidance）と呼ばれているが，わが国では，決算短信などに記載する業績予想を，一般に経営者利益予想と呼ぶ。両者は同じ意味であるので，本節ではこれ以降，経営者利益予想という語句で統一する」（太田・姜 2011, 31）。

第2部
インベスター・リレーションズの応用
― 企業情報開示の現代的課題を巡る考察 ―

　それにともない，アナリストは企業から利益動向についての情報をいち早く獲得することに多大なエネルギーを費やすことになる。この時期，アナリストや一部の機関投資家のショート・ターミズムに応えるために，結果として企業もショート・ターミズムに陥ってしまった（太田・姜 2011, 32）。

　情報の公平な伝達が歪められる状況を憂慮したSECは，株価に影響を与えるような企業の重要な未公開情報をアナリストや一部の機関投資家に選別的に開示することを禁止し，すべての投資家に情報が公平に伝達されることを目的として，2000年10月レギュレーションFDを施行した。レギュレーションFD施行前と後では経営者利益予想の開示率が大きく異なり，2001年においては前年の開示率の2倍以上となった（図3-2）。

　その後，エンロン・ワールドコムの破綻をきっかけに，2002年SOX法が施行される。この事件をきっかけに，企業経営者は，会計情報の不信および投資家の信頼回復を図るための情報開示を積極的に行うようになる。一方，アナリストサイドでは，エンロン事件をきっかけに，利益相反問題が表面化する。その問題解決を図るため，NYSEが「目標株価」と「その根拠」の公表をアナリストに推奨したため，CFA InstituteやNIRIは，目標株価というわかりやすい結論のみが市場に伝えられることの不健全さを指摘し，ショート・ターミズムを助長するものとして批判した。

　PSLRA法の施行にはじまり，エンロン・ワールドコムの事件に至るまで，米国で再度噴出したショート・ターミズム批判であるが，なぜこれほどまでに米国の経営陣は，アナリストや機関投資家のショート・ターミズムに応えようとし，彼らが抱く期待利益を気にするのであろうか。その理由を，太田は次のように説明している。

　「その最大の要因としては，企業の実際利益が彼らの期待利益に達しなかった時の，市場の過剰反応が挙げられる。つまり米国では，企業の実際四半期EPSがアナリストのコンセンサスEPS予想をほんの少し下回っただけで，市場が過剰に反応して株価が大きく下落してしまうという，いわゆるEPSシンドロームがみられるのである（Skinner and Sloan 2002; Bartov et al. 2002）。

　またそれ以外にも，実際四半期EPSがコンセンサスEPS予想を下回ると，

第3章
IR活動における時間軸の課題（1）－ショート・ターミズムと業績予想開示

その後のカンファレンス・コールの時間が長くなり，そのトーンも否定的なものになるという，企業のIRコストの増加を示す結果なども報告されている（Frankel *et al.* 2010）。

これらの理由で，経営者は，四半期利益予想の開示，すなわち米国でいうアーニングス・ガイダンスを行って，文字通り市場の利益予想を誘導したり，あるいは長期的な企業価値を犠牲にしてでも裁量的費用や投資計画を調整して，実際の利益が市場の期待利益に達するように努める」のである[5]（太田・姜 2011, 32）。

米国の経営陣は，アナリストや機関投資家のショート・ターミズムに応えようと，多くの企業が，短期的な利益目標の達成のために長期的な企業価値を犠牲にするという，まさに，ショート・ターミズムの弊害に陥っていたのである[6]。

経営陣とアナリストおよび一部機関投資家の間にみられる負の連鎖に歯止めを掛けようとする動きのなかで注目を集めたのが，実業界や実務家団体の提唱する，経営者による四半期利益予想廃止であった。例えば，実業界では，米国の著名な投資家であるWarren Buffettが，非常に早くから経営者利益予想の開示中止を訴えていた。

Buffetは，自らが会長兼CEOを務めるBerkshire Hathawayの2000年のアニュアルレポートのなかで，経営者が利益予想を行うことは，経営者の行動自体に悪影響を及ぼしかねない危険なことであると説いている。そして，「ここ数年にわたって，Charlie（副会長）と私は，経営者が，自らが公表した利益目標を達成するために非経済的な営業操作（operating maneuvers）に従事する例を多く見てきた。さらにひどい場合には，営業操作をやり尽くし

---

[5] さらに，「Graham *et al.*（2005, 2006）が，2003年の秋に米国企業の401人のCFOを対象にして行ったアンケート調査の結果では，四半期の利益目標を達成するために，実に79.9%のCFOが『裁量的な費用（研究開発費，広告宣伝費，管理費等）を減らす』，55.3%のCFOが『多少の企業価値を犠牲にしても新規プロジェクトを延期する』と回答している」（太田・姜 2011, 32）。

[6] 「利益目標として重要なものは何かという問いに対しては，85.1%のCFOが前年度の同一四半期利益，73.5%のCFOがアナリストの今四半期のコンセンサス予想利益と答えている。ただし，アナリスト・カバレッジの多い会社や経営者利益予想を頻繁に公表している会社については，両者の比率に差は見られなかったという結果を報告している」（太田・姜 2011, 32）。

第2部
インベスター・リレーションズの応用
― 企業情報開示の現代的課題を巡る考察 ―

てしまった後で，様々な種類の会計操作をしてまでも数値目標を達成しようとするケースがあった」と述べている。

この考えに沿う形で，Buffetが役員を務めるCoca-Colaは，2002年12月に四半期利益予想の開示中止を公表し，その翌年には，PepsiCo, Gillette, McDonald's, AT&T, Safecoといった多くの著名な会社もその例にならったのである（太田・姜 2011, 32-33）。

同様の動きは実務家団体にも波及し，CFA Instituteは2006年7月にショート・ターミズム問題を取り上げた報告書"Breaking the Short-Term Cycle"を公表し，そのなかで，投資家や経営者が短期的な成果にばかり執着することは，企業の長期的価値の毀損，市場の効率性の低下，投資リターンの減少などの予期せぬ結果を招く恐れがあるということを指摘している。そして，ショート・ターミズム問題への対策として，経営者の四半期利益予想を廃止すべきである，役員報酬を企業の長期的な目標や戦略と結び付けるべきであるといったことを推奨している。しかし，CFA Instituteは，「一方で，企業は利益ガイダンスをやめたとしても，その企業の産業特性にあった情報を適宜，きめ細かく頻繁に出し続けることはいとわないようにすべきである」との指摘もしている（CFA Institute 2006, 12）。ここでいう「利益ガイダンス」とは，四半期ガイダンスにおけるEPSなどの「数値予想」の開示を指す（北川 2007a, 164）。

そこで，CFA Instituteは，企業アナリストに対して必要なきめ細かな情報を提供すべきとはどういうことなのか具体的に示すため，利益ガイダンス実践のフレームワークを公表した（図3-1）。当フレームワークは，産業特性・ライフサイクルの特性に応じた柔軟な対応が求められることを示している。例えば，安定産業で製品サイクルも長いとされる企業は（図―右上），ガイダンスの実施は年度ごとで良いし，開示する内容も営業状況の概況で十分としている。一方，新規参入企業や製品サイクルの短い成長企業および小売業や航空業を営む企業は（図―左下），月次ごとに詳細な営業状況をガイダンスのなかで公表する必要があるかもしれないとしている。

第3章
IR活動における時間軸の課題（1）－ショート・ターミズムと業績予想開示

図3-1　利益ガイダンス実践のフレームワーク

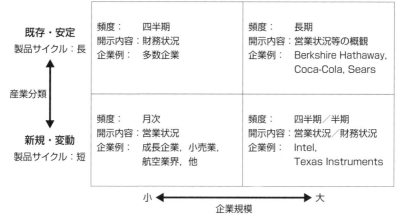

出所：CFA Institute (2006) を筆者翻訳。

　また，U.S. Chamber of Commerceも，「2007年3月に"Commission on the Regulation of U.S. Capital Markets in the 21st Century"を公表し，そのなかで，上場企業は四半期利益予想を廃止し，その代わりに長期的ビジネス戦略に関する追加的情報を提供すべきであると提唱している。そして，四半期利益予想廃止がもたらす悪影響を心配する経営者は，セント単位の厳密な四半期利益予想ではなく，多くの欧州企業の慣行に倣って，範囲をもたせた年次利益予想を開示すべきである」という提案を行っている（太田・姜 2011, 33）。

2. 経営者予想開示の動向

　太田・姜（2011, 33-35）に基づくと，米国ビジネス界におけるショート・ターミズム批判の高まりや実務家団体からの経営者利益予想廃止の推奨を受け，実際に企業がどのような利益予想開示行動をとっているのか把握するため，IROの支援団体であるNIRIは，2001, 2003, 2005～2010年の毎年，合計8回，企業会員を対象にした利益予想に関するサーベイ調査を行い，その結果を報告している（2008年から2010年のサーベイ回答企業の属性は表3-1参照）。

第２部

インベスター・リレーションズの応用
－企業情報開示の現代的課題を巡る考察－

表3-1　NIRIサーベイ回答企業の属性

時価総額	2008	2009	2010
micro-cap:less than $250 million	7%	11%	5%
small-cap:$250 million to less than $2 billion	37%	40%	40%
mid-cap:$2 billion to less than $10 billion	38%	34%	40%
large-cap:$10 billion to less than $25 billion	11%	10%	10%
mega-cap:$25 billion and above	6%	4%	5%
total	100%	100%	100%
取引所	2008	2009	2010
NYSE Euronext	62%	59%	66%
NASDAQ OMX	34%	36%	32%
Foreign	2%	0%	4%
Pink sheets	1%	2%	0%
OTC	0%	0%	0%
N/A:not traded	0%	1%	1%
other,please specify	0%	1%	2%

出所：NIRI（2008-2010）より筆者作成。

図3-2　経営者利益予想の開示企業比率の推移

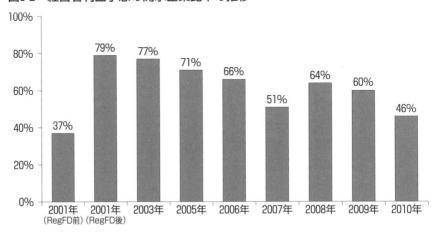

出所：NIRI(2001; 2003; 2005-2010)より筆者作成。

第3章
IR活動における時間軸の課題（1）－ショート・ターミズムと業績予想開示

図3-3 四半期利益と年次利益予想の開示企業比率の推移

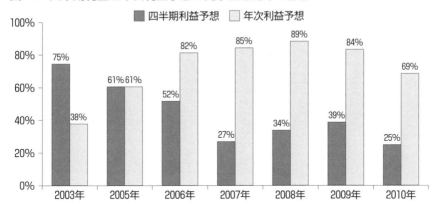

（注）2007年、2008年、2010年は、質問形式の都合上、四半期利益予想を行っている会社は年次利益予想も行っているとみなしている。
出所：NIRI（2003; 2005-2010）より筆者作成。

図3-4 利益予想と財務予想の開示企業比率の推移

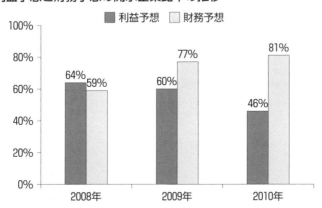

（注）利益予想とは最終利益のEPS予想のことであり、財務予想とは、売上、キャッシュフロー、資本的支出、税率、売上総利益、減価償却費などのEPS予想以外の財務数値予想のことである。
出所：NIRI（2008-2010）より筆者作成。

　図3-2は、利益予想を開示している企業の比率を時系列に並べたものである。NIRIは、2001年のサーベイ調査のなかで、2000年10月に施行されたレギュレーションFD前後の期間における利益予想開示状況に関する質問をしてい

る。同法施行前に利益予想を開示していた企業が全体の37%にすぎないのに対し，同法施行後には79%に急増している。しかし，これをピークに，その後概ね一貫して利益予想開示企業は減少を続け，2010年では開示企業は46%に留まっている。

　図3-3は，利益予想を開示している企業が，四半期あるいは年次のどちらの予想期間の利益情報を公表しているかについて調べた2003～2010年のサーベイ結果である。四半期利益予想については，2003年の75%から徐々に減少し，2010年には僅か25%の企業しか四半期利益予想を公表していない。一方，年次利益予想については，2003年の38%から毎年増加して，2008年には89%の企業が年次利益予想を公表している。その後，2009，2010年にはその比率が下がってはいるが，それでも年次利益予想を公表する割合は四半期利益予想を公表する割合の2倍以上となっている。

　そして，図3-4は，利益予想を開示している企業と財務予想を開示している企業の比率の直近3年間の推移を表したものである。ここでいう財務予想とは，売上，キャッシュフロー，資本的支出，税率，売上総利益，減価償却費などの最終利益（EPS予想）以外の財務情報に関する予想のことである。利益予想については，図3-2にもあるように，2008年には64%の企業が開示していたのが2010年には46%へと減少している。一方，財務予想開示企業は，利益予想開示の減少による情報量の不足を補うかのように，2008年の59%から2010年の81%へと大幅に増加している。

　ショート・タームイズム批判や四半期利益予想の廃止推奨の声を反映し，米国における経営者予想開示の近年の趨勢として，企業は利益予想の開示を減らす傾向にあり，開示期間も四半期ではなく年次利益予想にシフトしているといえる。さらに，その開示内容は，利益予想開示の減少を補う形で，利益以外の財務予想開示を増加させているといえる。

3. 経営者利益予想廃止に関するアカデミック・リサーチの検証

　米国における経営者利益予想の廃止は，情報の発信者である企業経営者，そして，CFA InstituteやU.S. Chamber of Commerceといった，それら情報

第 3 章
IR活動における時間軸の課題（1）－ショート・ターミズムと業績予想開示

の分析に携わる専門家から行われているものであった。一方，アカデミックサイドでは，経営者利益予想廃止企業の動機，廃止後の影響，廃止公表に対する市場の反応などに関する実証研究が行われてきた。太田は，Houston et al.（2010）およびChen et al.（2011）の2本の論文について詳細な分析を行った（太田・姜 2011, 36-38）。ここでは，その内容をみていくものとする。

　最初に，Houston et al.（2010）は，「2002年1月〜2005年3月の期間に四半期利益予想の開示を中止した222社をサンプル企業，継続して公表を続けた676社をコントロール企業として，サンプル企業が利益予想の開示を中止するに至った動機，開示中止前後の期間における長期投資額の変化，代替的将来予想情報開示量の変化，アナリスト活動への影響」といったことを調査している（太田・姜 2011, 36）。

　まずはじめに，四半期利益予想の開示を中止した動機に関する検証の結果として「サンプル企業はコントロール企業と比較して，中止前の期間において，利益が減少している，アナリスト利益予想の未達頻度が高い，赤字の頻度が高い，株式リターンが低いといった，企業の財務状況の悪化や株価の低迷が利益予想開示中止の動機となっている」（太田・姜 2011, 36）ことを示している。また，「中止後の期間においても，事後的ではあるが，利益の減少および変動の増加がみられ，予想開示中止企業が将来業績を予想するのに困難な状況であった」ことを示す結果が得られている[7]（太田・姜 2011, 36）。これら以外にも，「同業他社が四半期利益予想の開示を行っていない比率が高い，訴訟リスクが高い，カバーしているアナリストの人数が低い，もともと株価の変動が小さい，経営者の交代があったといった，企業内外の環境が開示中止の動機となっている」ことを示す結果が報告されている（太田・姜 2011, 36-37）。

　次に，四半期利益予想の開示中止前後の期間における長期投資額の変化に関するHouston et al.（2010）の検証では，「予想開示を中止したサンプル企

---

[7] 「その他にも，予想開示中止前のアナリスト利益予想のバラつきが大きい企業ほど，予想開示中止を行う傾向があるという結果が得られており，これも，予想開示中止企業が将来業績を予想するのに困難な状況であったということを示すひとつの証拠として挙げられている」（太田・姜 2011, 37）。

業は，継続して予想開示を行っているコントロール企業と比べて，開示中止後に長期投資額を増加させていないという結果を得ている。また研究開発費に関しては，サンプル企業がコントロール企業よりも開示中止後に研究開発費を有意に増加させているという結果を得ているが，所属する産業全体の研究開発費支出の動向などを考慮した頑健性テストでは，有意な結果が得られていない」（Houston et al. 2010）。

さらに，四半期利益予想の開示中止に伴う代替的将来予想情報開示量の変化に関する検証結果としては，「サンプル企業は，四半期利益予想の開示中止後に，将来予想に関する代替的情報開示量を有意に減少させている」というものであった（太田・姜 2011, 37）。

最後に，四半期利益予想の開示中止前後の期間におけるアナリスト活動の変化に関する検証からは，「サンプル企業はコントロール企業と比較して，フォローするアナリスト数が減少する，アナリスト利益予想のバラつきが増加する，アナリスト利益予想の精度が低下するといった，情報環境の悪化を示す」という結果が得られている（太田・姜 2011, 37）。

Houston et al. (2010) で示された結果は，「企業が四半期利益予想開示を中止する最大の理由は，過去の利益低迷ならびに将来見通しの暗さといった，企業の業績悪化であるというものであった。また，予想開示中止企業は，中止後に長期投資額を増加させたり，代替的な将来予想情報の開示量を増やすといったことは行っておらず，CFA InstituteやU.S. Chamber of Commerceが意図する，短期志向から長期志向への転換や代替的予想情報開示の促進といったことは，実際には実現されていなかった。むしろ，予想開示中止後に，アナリストによるカバレッジの減少，予想のバラつきの拡大，予想精度の低下といった，情報環境の悪化に伴う弊害を引き起こしていた」(Houston et al. 2010)。

次に，Chen et al. (2011) は，2000年10月〜2006年1月の期間に四半期利益予想の開示を中止した225社をサンプル企業として，さらに，継続して公表を続けた818社をコントロール企業として，サンプル企業が利益予想の開示を中止するに至った要因，予想開示中止に対する市場の反応，および，予

第3章
IR活動における時間軸の課題（1）－ショート・ターミズムと業績予想開示

想開示中止後の影響といったことを調査した。Chen et al. (2011) とHouston et al. (2010) の最大の違いは，「Chen et al. (2011) が，四半期利益予想開示を中止した企業を，さらに，その中止を正式に公表した企業と，特別の公表なしに中止した企業に分類して分析を行っている点である。つまりChen et al. (2011) の研究では，予想開示中止の公表日を特定することによって，その公表に対する市場の反応を検証することが可能となっているのである」（太田・姜 2011, 37）。

まずはじめに，四半期利益予想の開示を中止した要因に関する検証では，「サンプル企業はコントロール企業と比較して，中止前の期間において，株式リターンが低い，アナリスト利益予想の達成頻度が低下している，アナリスト利益予想のバラつきが大きくなっている，長期保有の機関投資家の持株比率が低下しているといった，パフォーマンスの悪さや不確実性の増加が予想開示中止の要因となっている」ことを示す結果が得られている（太田・姜 2011, 38）。

第2に，予想開示中止の公表に対する市場の反応についての検証からは，「他の影響をコントロールした後で，公表日前後1日を含む3日間の異常リターンが平均で−5.3%であるという結果を得ている。さらに，予想開示中止公表に対する市場の負の反応が，開示中止後の市場の期待将来キャッシュフローの減少および資本コストの増加と有意に関連しているという結果を報告している[8]」（太田・姜 2011, 38）。

第3に，予想開示中止後の影響に関する検証からは，「サンプル企業はコントロール企業と比べて，中止後の期間において，アナリスト利益予想のバラつきが増加し予想精度も低下する」という結果を得ている（太田・姜 2011, 38）。Chen et al. (2011) の研究結果は，「市場が予想開示の中止公表をバッド・ニュースとして捉えており，予想開示の中止に伴って資本コストやアナリスト予想の不確実性が増加する」ことを示すものであった。

Houston et al. (2010)，Chen et al. (2011) が示したアカデミック・リサー

---

[8]「実際の分析では，市場の期待将来キャッシュフローおよび資本コストの代理変数として，それぞれアナリストの予想利益とベータ値を用いている」（太田・姜 2011, 38）。

チの結果は[9]、実務家サイドの「経営者による四半期利益予想を廃止することが、ショート・ターミズムの弊害を排し企業の長期的価値を高めることにつながる」という主張とは相容れないものであった（太田・姜 2011, 38）。

このように、経営者利益予想に賛否両論あることから、超党派の特別委員会（資本市場の規制にかかる委員会：Committee on Capital Markets Regulations）が、従来の感情論的な論争は、科学的な実証研究の裏付けに欠けていたとして、ミシガン大学のMiller教授に答申を依頼した。Miller（2009）の調査は、1970年から2009年までの研究論文77本を検証した結果として、「経営者利益予想には賛否両論あるものの、総合的には経営者予想の有用性が経営者予想廃止による効果を上回る」と結論付けた[10]（柳 2011, 51）。このように、米国における実務家サイドの思惑と、研究者たちが示した実証分析の結果は、異なる方向を向いていた。

第3節　日本における業績予想開示に関する議論

1. 業績予想開示の変遷[11]

わが国における業績予想開示のはじまりは1980年以前の兜倶楽部[12]からの要請がはじまりとされている。兜倶楽部の定める決算短信の様式のなかで、次期の業績予想として「売上高、経常利益、当期純利益、配当」の数値の開示が求められ、当時は、決算短信の様式は兜倶楽部主導で様式の見直しを行

---

9) ただし、Houston et al. (2010)、Chen et al. (2011)においては、サンプルとして抽出された企業が限定的であったため、それらの検証結果に制約があることも考慮する必要がある。

10) ただし、Miller（2009）が検証を行った論文は、その内容が四半期利益予想に限定したものではなく、経営者利益予想全般にわたる先行研究であった。Miller（2007）は、①経営者利益予想に含まれる情報、②経営者利益予想を行う利点、③経営者利益予想にかかるコスト、④経営者利益予想が生み出す効果、⑤予想作成にあたっての一般的な規定、という5つの観点から研究内容を詳細に分析し、その結果として経営者利益予想の有用性を指摘している。

11) 業績予想開示の変遷は、東京証券取引所HPおよび東京証券取引所（2010）「業績予想開示に関する主な変遷及び現状等について」を参照。

12) 兜倶楽部とは、東京証券取引所にある記者クラブである。

第3章
IR活動における時間軸の課題（1）－ショート・ターミズムと業績予想開示

い，取引所はその見直し内容を上場会社へ通知していた。

　1980年4月から，兜倶楽部の要請を踏まえつつも，全国証券取引所協議会主導で決算短信の様式の見直しを開始し，引き続き，次期の業績予想の開示を求めていた。1999年3月には「決算短信」などの記載内容の見直しが行われ，決算短信などの定性的情報に係る開示の充実の要請がなされた。そして，2006年3月「決算短信に関する研究会報告」がなされ，そのなかで，営業利益の追加，個別業績予想は省略可とするなどの新たな方針が示された。さらに，2008年4月7日には，「業績予想の開示にあたっての留意事項」についてのなかで，業績予想の背景――業績予想に大きな影響を与える可能性のある重要な経営上の施策など――についての具体的な説明などについて要請があった。そして，2010年6月30日，決算短信について，所定の様式で開示することが規則化され，サマリー情報に業績予想欄が含まれることとなった。わが国市場において，米国同様，業績予想は極めて重要な投資判断情報として投資者に広く利用されてきた。

　2010年時点の業績予想開示の方法は，原則的な取扱いとして，決算発表時に決算短信のサマリー情報において記載欄を設ける方法で実施されている。その際，予想される指標は，売上高，営業利益，経常利益，当期純利益，一株当たり当期純利益および配当の項目である。また，予想の対象期間は，第2四半期連結累計期間（中間期）と通期となっており，6ヵ月の情報と12ヵ月の情報について特定の数値を開示することが原則となっている。その他，決算短信の添付資料において定性的事項などの記載も求められている。

　一方で，例外的な取扱いも示しているものの，例外の取扱いを行う場合は，取引所に事前相談を行うことが必要となり，なかでも，予想数値の開示を行わない場合には，その時点で業績予想を開示できない合理的な理由などの記載も求められている。

　このような取引所による強い要請と対応もあり，ほとんどの上場企業が取引所の原則的な取扱いに従い業績予想開示を行っており，実質的な強制開示となっているのが現状であった。現に，2010年3月期の東京証券取引所の上場会社における決算発表でみると，97％弱の上場会社が，業績予想として通

期の見通しを特定数値で開示している（日本証券経済研究所 2011）。

　ここで，日米における利益予想の相違点を整理しておくと，主なポイントは次の4つである。「予想対象（開示対象）期間」，「開示項目」，「開示内容」および「自主開示か強制開示かの違い」である。

　「予想対象期間」については，上述したとおり，米国においてショート・タームイズムを助長すると批判されたのは四半期の利益予想であり，近年における米国では四半期利益予想を開示する割合より年次利益を開示する割合が増加している。わが国において実際に開示している予想対象期間は，原則，中間期（6ヵ月）と通期（12ヵ月）である。

　「開示項目」については，米国では一株当たり利益（EPS），売上高，資本的支出および会社の事業に影響を与えるかもしれないトレンド情報など利益予想，財務予想，非財務予想が含まれるのに対し（NIRI and CFA Institute 2008），日本では，売上高，営業利益，経常利益，当期純利益，一株当たり当期純利益および配当の項目である。

　さらに，「開示内容」は，米国では主に各項目の数値が範囲で提供されているのに対し，日本では特定の数値を開示することが原則となっている（日本証券経済研究所 2011，7）。

　そして，米国においては，SECおよび取引所は上場会社に将来予測情報の開示を求める規制をとくに定めていないのに対し，わが国においては実質的な強制開示となっている。

2. 業績予想開示の廃止に関わる議論のはじまり

　これまで，実質的な強制開示として，わが国では，ほぼすべての上場企業が業績予想の開示を行ってきた。しかし，2010年6月18日，政府より公表された「新成長戦略」のなかで，金融戦略に関する早期実施事項の1つとして「取引所における業績予想開示の在り方の検討」が挙げられたため，業績予想開示の廃止の是非について，わが国のなかで賛否両論が沸き起こった。

　そこで本項では，当検討結果をまとめた「上場会社における業績予想開示の在り方に関する研究会報告書」日本証券経済研究所（2011）および太田・

姜（2011）の分析をもとに，わが国における業績予想開示の廃止を巡る議論に対する，実務家（上場企業各社），アナリスト・投資家，そして，有識者（アカデミックサイド）の見解を，それぞれ追っていくものとする。

3. 市場関係者たちによる業績予想開示廃止を巡る討論

(1) 上場企業の見解

　日本経済団体連合会（以下，「経団連」という）は，2010年7月20日に，「財務報告に関わるわが国開示制度の見直しについて」という意見書を公表し，次のような提言を行っている。「取引所における適時開示制度（一部省略）業績予想開示については，わが国ではすでに四半期決算短信や四半期報告に基づくタイムリーな実績情報の開示がなされていることから，従来のような有用性はなくなっている。業績予想開示の今日的意義とそのための実務負荷を総合的に勘案し，廃止あるいは完全な自主開示化および決算短信の様式の見直しを検討すべきである」。

　経団連がこのような要請を行うに至った背景として，太田・姜（2011）は次のように説明している。1つは，「業績予想開示が事実上の強制開示となっている日本企業の実務負荷が，自発的開示である外国企業と比して大きいことに対する不満」。もう1つは，「米国ビジネス界における経営者利益予想廃止の動きである」。

　実際，研究会のなかでの意見として，「決算時と予算策定時のタイミングが異なるため，予算の策定の前提を見直さなければならない場合もあり，大きな負担となっている」，「売上高から当期純利益までのすべての損益を開示することに大きな負担がある」，また，米国の動きを意識して「米国では訴訟リスクもあり，明確な業績予想を記載しないケースも多い」など業績予想廃止に賛同する意見が散見された（日本証券経済研究所 2011）。

　一方，第18回「IR活動の実態調査」（2011年度）によれば，「業績予想がないと実施しにくい活動」として，「アナリストやマスコミの取材」，「説明会資料」，「機関投資家とのミーティング」，「電話等での問い合わせ」を挙げる上場企業もあった。業績予想は，投資家・アナリストのみならず企業にとっ

ても有用性の高い情報であった。

(2) アナリスト・投資家の見解

　一方，アナリストサイドでは，「アナリストの命は将来に対する業績予想である。それが的確に予想できて，適切なる投資格付けが行えること」（北川 2007a, 160）といわれるように，そもそも業績予想はアナリストの役割であるとの意見が根強い。研究会の議論のなかでは，「アナリストたちが，業績予想を行い適切な株価の見通しを行うために，上場企業はガイダンスを行い，将来予想の土台となる（非財務情報を含めた）実績の開示を充実させることも重要である」，「合理的に前提を説明できない数値の提示は，投資家・アナリストを混乱させる」，「上場会社は，ガイダンスが投資家・アナリストをミスリードしないように注意を払うべき」との意見が続いた。

　しかし，投資家のなかには，「業績予想開示をなくすのは，ディスクロージャー水準の後退であり，容認できない」との意見もみられた。とはいえ，これらの反対意見はおしなべて，「単純な業績予想開示の廃止には反対だが，業績予想開示の代替手段も含め，全体としてのディスクロージャー水準の向上を目指した見直しであれば賛同する」というニュアンスを含んだものであった（日本証券経済研究所 2011）。

(3) アカデミックサイドの見解

　アカデミックサイドの見解は，総じて業績予想開示廃止に対しては慎重あるいは消極的な態度を示すものであった。

　円谷（2010）は，「既存実証研究報告」のなかで，主に米国の実証研究結果（Ahmadjian Christina 2007; Bhojraj et al. 2009; Cheng et al. 2005; Chen et al. 2006; Houston et al. 2007）を示したうえで，「IRにおいて業績予想情報は重要な位置を占めており，制度開示の後退は，その帰結として日本企業のIRの後退へとつながる可能性が大きい」と述べている。

　太田・姜（2011）は，業績予想開示廃止に対して慎重な理由として次の3つを挙げている。

第3章

IR活動における時間軸の課題（1）－ショート・ターミズムと業績予想開示

　第1に，「業績予想開示に伴う日本企業の実務負荷についてであるが，確かに日本とは異なり，諸外国では業績予想の開示は自発的なものである。しかしながら，実際には大多数の外国企業が様々な財務予想情報を公表しており，業績予想開示コストは何も日本企業だけが負担しているものではない。（中略）BNY Mellonが世界企業を対象に毎年実施しているサーベイ調査『Global Trends in Investor Relations』の2010年度版でも，西ヨーロッパで89%，北米で86%，EEMEA（東欧・中東・アフリカ）で83%の企業が何らかの財務予想情報を開示しており，『財務予想情報を投資コミュニティに提供することは標準（Norm）である』と述べている。このように，業績予想の開示コストは必ずしも強制開示である日本企業だけが負担している訳ではなく，自発的開示である諸外国でも，大多数の企業が負担しているコストなのである」（太田・姜 2011, 38-39）。

　第2に，「近年の米国企業に見られる経営者利益予想廃止の動きについて，（中略）ショート・ターミズムの元凶であると指摘しているのは，四半期利益予想の開示であり，わが国における利益予想の中心である年次利益予想ではない[13]。むしろ，U.S. Chamber of Commerceなどは，四半期利益予想から年次利益予想への転換を提案している。またNIRIのサーベイ調査によれば，利益予想開示は減少傾向にあるが，一方で，その利益予想情報の減少を補うかのように利益以外の財務予想開示が増加しているため，全体で見れば経営者予想の開示情報は減少していない」（太田・姜 2011, 39）。

　第3に，日米では情報仲介者であるアナリストのマンパワーに大きな隔たりがあるので，この影響は日本においてより深刻であろうと考えられることを指摘している。「投資先進国の米国では，証券会社が約4千7百社でその従業員が約78万人，そしてCFA Instituteに属するアナリストが約10万3千人いる。一方，日本では，証券会社が約3百社でその従業員が約9万2千人，そしてSAAJに所属するアナリストは約2万4千人である。それに対してカバーすべき上場企業の数は，米国ではNYSEとNASDAQをあわせて約5千

---

[13] わが国でも第2四半期累計期間の業績予想開示が求められてはいるが，業績管理を年次でのみ行っているなどの理由により予想値がない場合には，記載を省略することが可能である。

2百社,日本では東証とJASDAQをあわせて約3千3百社である。もちろん,日米では企業規模やカバー率が異なるので単純な比較はできないが,日本のアナリストが平均的により多くの企業をカバーしなければならない状況にあるというのは事実である。そして,その困難な状況を緩和してくれているのが,わが国の経営者予想制度なのである。というのも,わが国のアナリストは,経営者予想をたたき台にして企業の業績予想を形成できるので,予想を一から作り上げる必要がないからである。もし仮に,わが国で経営者予想制度が廃止されれば,それはアナリスト・カバレッジの減少をもたらし,深刻な投資情報環境の悪化を引き起こすと推測される」(太田・姜 2011, 39-40)。

(4) 研究会による本議論のまとめ

上場企業,アナリスト・投資家,アカデミックサイドから多様な意見が出された結果を,日本証券経済研究所(2011)では,当議論のなかで指摘された問題点として11項目にまとめた。具体的には,「合理性・信頼性」,「経営者バイアス」,「達成への誤解」,「強制的」,「近視眼的経営」,「経営者による業績予想の不正利用」,「利益調整の可能性」,「修正開示」,「セーフ・ハーバー・ルール」,「上場会社の負担」である。このなかで,とくに注目したいのが「近視眼的経営」として示された内容である。

日本証券経済研究所(2011)によれば,「経営者が業績予想の達成に固執するあまり,近視眼的経営に陥り長期投資が阻害される可能性については,米国において,利益ガイダンスを公表している上場会社はR&D投資を抑制してアナリスト予想を達成させるといった近視眼的経営を行っており,その結果として中長期的な利益が犠牲にされているとの指摘がある。一方で,利益ガイダンスの公表をとりやめた上場会社がその後にR&D投資の増額など長期投資を行っていないとの指摘もある。

つまり,公表済みの業績予想を達成するために近視眼的経営に陥る可能性はあるものの,一方で開示を中止すると長期経営に移行する可能性が高いわけでもないということになるが,これらの米国における議論は,翌四半期の

利益ガイダンスを出す場合に関するものであり、この点を改善するために1年先の見通しを開示する動きがある点に留意が必要である」と述べ、「近視眼的経営が行われると仮定した場合でも、上場会社自身が業績予想開示を中止したとしても、その他の利益ベンチマーク（アナリストコンセンサス予想や前年同期実績値など）を達成するためにやはり近視眼的経営が行われてしまう可能性があり、業績予想開示特有の問題ではないと考えられる」と結論付けた。

太田・姜（2011）も指摘するとおり、米国におけるショート・ターミズム批判と四半期利益予想の廃止の議論と、今回のわが国における業績予想開示の廃止と近視眼的経営の議論は、似て非なる内容のものであった。

第4節　業績予想開示の廃止前後における状況比較

日本証券経済研究所（2011）は、原則的な取扱いの遵守にこだわりすぎると、合理的とはいえない業績予想の開示が行われたり、上場会社に必要以上の負荷をかけるおそれが大きいなどの理由から、「原則的な取扱いによる開示の重要性を確認しつつ、上場会社各社の実情に応じて、多様な方法による柔軟な開示を積極的に行い得るようにすることが望まれる」との方向性を示した。これにより、わが国における業績予想開示は実質的強制開示から完全なる自主開示となった。

東京証券取引所は、本研究会の提言および2011年10月に開催した上場制度整備懇談会での検討を踏まえて、「業績予想開示に関する実務上の取扱いの見直し方針について」を上場会社に通知した（2011年12月28日）。東証は2012年3月に発表した「業績予想開示に関する実務上の取扱の見直し方針」のなかで、今回の見直しについて「上場会社を取り巻く環境変化に対応した、柔軟な業績予想の実現を図る観点から、投資者ニーズを踏まえつつ、上場会社の実情に応じた多様な将来予測情報の開示を行うことができるような取扱を整備した」と述べた。主な変更内容は次の3つであった（東京証券取引所2012a）。

第2部
インベスター・リレーションズの応用
－企業情報開示の現代的課題を巡る考察－

図3-5　2012年3月期決算企業の業績予想開示状況

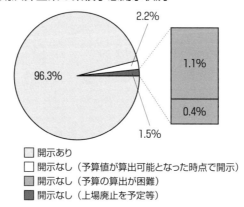

- 開示あり
- 開示なし（予算値が算出可能となった時点で開示）
- 開示なし（予算の算出が困難）
- 開示なし（上場廃止を予定等）

出所：東京証券取引所(2012b)「平成24年3月期決算短信の開示状況について」を参考に筆者作成。

　第1に，「決算短信（サマリー情報）等の様式の見直し（表形式/自由記載形式）」。第2に，「従来行ってきた実務を廃止―業績予想を行わない場合または独自の形式で行う場合の東証への事前相談，会社予想非開示の場合の「理由」の開示―」。第3に，「安易な開示の後退の防止やフェアディスクロージャーの観点から，見直しの趣旨については，関係者に十分な周知等を実施―体的には，業績予想は経営者によるコミットメントではない旨を明記等―」であった。

　今回の変更内容のなかで最も大きな変更点は，第1に示した「決算短信（サマリー情報）等の様式の見直し」である。この変更により，企業は，従来の定型方式の記載を，表形式と自由記載形式のどちらの形でも表示することが可能となった。

　さらに，「実務上の取扱いの見直し内容」に続いて記載のあった「その他の実務上の留意点等」では，その第一番目として，「投資者と積極的な対話の推奨」が明示されていた。

第3章
IR活動における時間軸の課題（1）－ショート・ターミズムと業績予想開示

表3-2 2012年3月期決算企業と2007年3月期決算企業の業績予想開示状況比較

開示内容	業績予想「開示あり」企業の内訳	
	2012年3月期	2007年3月期
第2四半期および通期の予想を開示（特定値）	89.1%	98.4%
第2四半期および通期の予想を開示（レンジ）	0.2%	
通期予想のみを開示（特定値）	9.7%	1.2%
通期予想のみを開示（レンジ）	0.2%	0.3%
第1四半期予想のみを開示（特定値）	0.1%	0.1%
第1四半期予想のみを開示（レンジ）	0.1%	
第2四半期予想のみを開示（特定値）	0.1%	
第2四半期予想のみを開示（レンジ）	0.0%	
各四半期および通期の予想を開示（特定値）	0.1%	
各四半期および通期の予想を開示（レンジ）	0.0%	
記述形式（自由記載）	0.4%	

出所：東京証券取引所（2007; 2012b）を参考に筆者作成。

　これらの変更を踏まえ，2012年3月以降決算を迎えた上場企業は，今回の業績予想開示の廃止に対しどのように対応したのか調査するため，廃止する5年前の2007年3月期決算の結果と比較分析を行った（表3-2）。

　東証が2012年6月に発表した「決算短信の開示状況について」によれば，2012年3月期決算の内，翌事業年度の業績予想を開示した企業は全体の96.3％であった（図3-5）。表3-2は，2012年3月期の実績と，2007年3月期の実績を比較した結果を示している。

　2007年においては，業績予想開示についてはいわゆる定型方式をとることが一般的だった。そのため，2007年の実績としては第2四半期および通期の予想を特定値で開示した企業が全体の98.4％と最も高い割合を占めていた。2012年の結果をみると，業績予想自体は開示しているものの，従来様式で第2四半期および通期の特定値を開示した企業は89.1％。通期のみの特定値を開示した企業は9.7％であった。また，新たに導入された自由記載の記述形式を行った企業は全体の0.4％という結果になった。通期のみ開示した企業が増えた主な理由は「業績管理を年次で行っているので第2四半期に係る予

想を算出していない」であった。これらの結果に対し，東証は「柔軟な業績予想開示にむけた上場会社各社の取組がみられます」とのコメントを発表している。

第5節　おわりに

本章では，2010年にわが国ではじまった業績予想開示の廃止を巡る一連の議論を，米国の動向と比較しながら考察してきた。一連の考察をとおして，日米企業における業績予想開示では，「開示期間」，「開示項目」，「開示内容」，「自主開示か強制開示か」についてそれぞれ違いがあることが明らかになった。ただし，今回のわが国における見直しにより，日本企業の業績予想開示も米国企業同様，柔軟な開示が可能となった。

しかし，今回の見直しの議論の焦点となっていたショート・ターミズムと業績予想に関する考え方については，米国と日本では明らかに異なっていた。米国では，ショート・ターミズムを助長するとして四半期利益予想の廃止を巡る議論が行われた。その結果，近年における米国企業の利益予想開示は，四半期から年次へ，そして，利益予想から財務予想へと移行しつつある。一方，わが国においては，従来から業績予想自体が中間期（6ヵ月）あるいは通年で行われていたため，四半期利益予想とショート・ターミズムに関する懸念は今回の議論のなかでは生じていなかった。日本証券経済研究所（2011）も，ショート・ターミズムが業績予想開示特有の問題ではないと結論付けており，この議論に関しては日米間では似て非なるものであった。

とはいえ，今回の議論において，四半期（短期の）業績予想開示がショート・ターミズムを助長するという米国の事例が大きく注目されたことにより，わが国市場におけるショート・ターミズムの存在にも関心が集まると同時に[14]，ショート・ターミズムを回避する業績予想開示の在り方を検討する契

---

14) 例えば，林・小崎（2013）は，世界的に議論が広がるショート・ターミズムの問題を取り上げ，わが国の上場企業を対象に，1996年から2003年の期間にかけてショート・ターミズムが存在していたか否かについて実証研究を行った。その結果は，米国や英国の株式市場同様に，わが国の株式市場において，2001年以降，投資家がショート・ターミズムに陥っていた可能性を示唆している。

機となったのは確かである[15]。

　今回の見直しにより，実質的な強制開示となっていたわが国の業績予想開示は，2012年3月期決算から完全なる自主開示となった。しかし，廃止前後の開示状況を比較してみたところ大差はなかった。これは，長い間，形式的な開示を強制されていた日本企業が，突如，規制の枠を外され自主開示になったため対応に戸惑い，とりあえず前年同様の開示でその場を凌いだ結果と筆者は捉えている。しかし，これは近々の対応にすぎない。

　今回の見直しの目的は，上場企業が，各社の実情に応じて多様な方法による柔軟な開示を積極的に行うことを後押しすることにある。日本企業は，業績予想の財務数値に固執することなく，自社の企業価値算定に有益な情報は何か，アナリスト・投資家が将来予測のために必要とする情報が何であるかを見極めたうえで，その開示すべき内容を自ら考え，積極的に提示していくことが求められている。そのインプリケーションとなるのが，CFA Institute（2006）が示したフレームワークであると筆者は考える。

　2000年前後，米国でショート・ターミズム批判が湧き起こるなか，米国実務家団体は，投資家や経営者が，企業の長期的価値の毀損を招くおそれがあるとして，経営者の四半期利益予想廃止を主張するだけでなく，長期投資を促すための非財務情報の重要性にも注目するようになる（CFA Institute 2008; Laskin 2008）。この，長期投資の促進と非財務情報開示拡大の動きは，近年，欧州および日本でもみられる情報開示の大きな潮流となっている。次章では，この新たな情報開示の流れに注目して論を進めていくものとする。

---

[15] 伊藤（2011），北川（2011），円谷（2011）など。

第4章

IR活動における時間軸の課題（２）
－長期視点と非財務情報開示

第2部

インベスター・リレーションズの応用
－企業情報開示の現代的課題を巡る考察－

第1節　はじめに

　本章では，長期視点と非財務情報開示の関連性に焦点をあてながら，近年における，米国，欧州，日本市場で高まる上場企業への非財務情報開示の拡大要求の動きを考察していくものとする。日・欧・米の比較分析をとおして，欧米企業は企業の長期的価値を投資家に伝えるために非財務情報として何を開示しているのか，また，非財務情報の開示と投資家との対話をどのように結び付けているのか明らかにしていく。本章の目的は，わが国企業が非財務情報開示の在り方を検討するにあたっての示唆を導出することである。

　前章で触れたとおり，2000年前後，米国では企業経営者およびアナリスト・一部の機関投資家に対するショート・ターミズム批判が沸き起こった（太田・姜 2011）。英国においても，2008年に勃発したリーマン・ショックに伴う金融危機への反省から，ショート・ターミズム批判が噴出した（北川・林 2014）。それら批判への対応策として，投資家に長期投資を促し，長期の企業価値算定を行うためには財務情報の開示だけでは不十分であることから，それらを補う非財務情報に注目が集まるようになった。

　一方で，非財務情報の重要性を主張する声は，約20年前からすでにあったものであり，長い時を経て，市場環境の変化と相まってその重要性が脚光を浴びるようになったともいえる（住田 2013）。

　そこで，本章においては，米国および欧州における非財務情報開示を巡る近年の動向を概観したうえで，わが国企業の非財務情報開示の現状を考察していくものとする。

　本章の構成は次のとおりである。第1節では，米国の動きに注目する。ここでは，公認会計士協会から公表された資料，実務家団体によるサーベイ，米国研究者による先行研究の内容に触れながら，米国企業における非財務情報開示の広がりを考察する。第2節では，欧州の動きに注目する。はじめに，欧州における非財務情報開示に関する動向を概観し，次に，英国におけるショート・ターミズム批判の動きに触れる。そのうえで，企業が非財務情

として開示する項目は何なのか具体的事例を用いて分析していく。第3節では、わが国における非財務情報開示を巡る議論を概観し、日本企業が開示する統合報告の現状を考察する。最後に、日・欧・米比較により導き出したいくつかのインプリケーションを提示する。

第2節　米国における非財務情報開示の動き

1. AICPAおよびSECにおける非財務情報を巡る議論

　米国における非財務情報開示に注目する動きは1994年にAICPAから公表されたジェンキンズレポートからはじまったといえる（AICPA 1994）。同報告書では、従来の財務報告では、目的適合性と有用性を失うおそれがある点を指摘し、「非財務指標の開示、財務会計と管理会計の融合、将来情報の開示などの革新が必要である」ことを指摘している[1]（伊藤・加賀谷 2012, 4）。

　2001年4月には、無形資産の会計問題を扱う報告書を公表、2002年1月には、無形資産の開示に関する基準設定のためのプロジェクトを立ち上げた。さらに、2002年12月、AICPAはEBR（Enhanced Business Reporting：改善された企業報告）に関する特別委員会を設立し、本格的な活動をスタートし、2005年には、産業界や金融界のメンバーを加えた新たな組織枠組みとしてEBRCを設立した。EBRCは、2005年10月にEBRの公開草案を発表し、パブリックコメントを受けて、2006年11月にバージョン2.1を公表。そこではEBRの構成要素を、①ビジネス概観、②戦略、③資源・プロセス、④パフォーマンスの4つに区分し、開示に活用していくことを提言している（伊藤・加賀谷 2012, 4-5）。

　企業情報開示の充実という文脈で、非財務情報の開示の議論が広がりをみせるなか、気候変動情報を含むサスティナビリティ情報を非財務情報としてどのように位置付けるかについても議論が交わされ、2010年、SECは「気候

---

1) 伊藤・加賀谷（2012）は、財務情報の価値関連性の低下を示す実証的な証拠が相次ぎ提示されているとし、過去30年間で財務情報の株価説明力が低下していることを指摘している。

変動に関する開示のためのガイダンス文書」を公表した。このなかで，財務諸表情報以外にも，非財務指標の開示やリスク情報の開示が要請された（日本公認会計士協会 2010）。

加えて，財務情報公開システムに関しても見直しが進められる。2008年，SEC内部で財務開示に関しての根本的な見直しのために「21世紀開示イニシアチブ」が発足した（SEC 2008）。投資家および市場の観点からの開示の基本的な目的を検証し，SECの開示システムを徹底的に見直すための包括的な計画がたてられ，非財務情報に関するXBRL（eXtensible Business Reporting Language）化の動きがはじまった。

ジェンキンズレポートからはじまる約20年の間に，米国における企業の情報開示のフレームワークは，財務情報中心から，非財務情報を考慮した新たな形に変化してきた。

2. ショート・ターミズムを回避するための非財務情報の予想開示

一方，2000年前後に生じたショート・ターミズム批判への対応策として，投資家サイドでも，長期の企業価値を算定するため，非財務情報の重要性に注目するようになった。前章で触れたとおり，ショート・ターミズム批判を回避するため，アナリストの支援団体であるCFA Instituteは，2006年に「Breaking the Short-Term Cycle」を発表し，アナリストや投資家に対し短期的視点を排除し，長期投資を推奨すると同時に，企業経営者には四半期業績予想開示の廃止と，それぞれの産業特性にあった情報開示と柔軟対応を促した。

長期投資を促すためには，投資家の長期的判断を可能にする多面的な情報開示が必要不可欠である（首藤 2013, 3）。投資家が，長期の企業価値を算定するためには，財務情報だけでは不十分であり，将来を予測するための指標として非財務情報が必要となってくる。従来，短期投資家は，短期的な株価の値動きに注目するため，株価に影響を及ぼす財務情報（例えば，EPS予想）以外には興味がない。一方，長期投資家は，企業の中長期的価値に注目するため，財務情報に加えて非財務情報も考慮したうえで企業の将来価値を

予想しようとするのである。

CFA InstituteとNIRIは，2008年に各々の協会の会員であるアナリストと上場企業に対して，経営者予想に関する共同サーベイ調査を行った。その結果を示したものが表4-1である。表4-1では，利益予想，財務予想そして非財務予想に関するそれぞれの項目を，開示を希望すると回答したアナリストの比率とそれらの予想情報を実際に開示していると回答した企業の比率をそれぞれ対比する形でまとめた。

エンロン・ワールドコム事件前後のショート・ターミズム批判を受け，CFA InstituteおよびNIRIは，非財務情報の予想開示の重要性に言及し，企業の将来予測情報を利益予想，財務情報に限定せず，非財務情報も考慮したうえで，それらの予測情報の開示実態把握に努めている点は，注目に値する。

サーベイ結果の詳細は次のとおりである。利益予想については，「利益予想（EPS予想）」の開示を希望するアナリストの比率が89%であるのに対して，

表4-1　アナリストの求める予想情報と企業の提供する予想情報

予想の種類	経営者予想の項目	開示を希望するアナリストの比率（CFAI）	開示している企業の比率（NIRI）
利益予想	利益予想（EPS予想）	89%	64%
財務予想	売上	86%	68%
	資本的支出	84%	66%
	キャッシュフロー	73%	32%
	売上総利益	71%	31%
	EBITDA	67%	20%
	税率	54%	68%
非財務予想	会社の事業に影響を与えるかもしれないトレンド情報	85%	70%
	業界固有の情報	84%	64%
	収益を左右するような要因の見積もりまたは予想	77%	37%
	マーケットコンディションについての定性的報告書	76%	76%
	非財務指標または主要業績評価指標（KPIs）	57%	32%
	高レベルのパフォーマンス測定に関する定性的報告書	53%	34%
	環境・社会・ガバナンス要因	37%	17%

出所：CFA Institute（2008）およびNIRI（2008）より筆者作成。

第2部
インベスター・リレーションズの応用
―企業情報開示の現代的課題を巡る考察―

実際にそれを開示している企業の比率は64％と両者の間に20％以上の差が生じている。この結果は，前章でみてきたとおり，近年，米国企業によるEPS予想の開示が減少傾向にあるのと整合的である。

財務予想については，「売上」と「資本的支出」に関しての予想開示を望むアナリストの比率が80％台であるものの，実際に開示する企業の比率は60％台に留まっていた。さらに，「キャッシュフロー」「売上総利益」「EBITDA」に関しては，企業が実際に開示する割合はアナリストの要求レベルを大いに下回っていた。財務予想のなかでは，税率だけがアナリストの要求レベルを超えている。

また，非財務予想については，「マーケットコンディションについての定性的報告書」に関しては，企業の提供割合とアナリストの要求レベルが一致しているものの，「会社の事業に影響を与えるかもしれないトレンド情報」「業界固有の情報」「収益を左右するような要因の見積もりまたは予想」「非財務指標または主要業績評価指標（KPIs）」に関しては，企業の開示レベルはアナリストの要求レベルを大いに下回っていた。また，2008年の調査時点において「環境・社会・ガバナンス要因」の予測情報の開示を要求するアナリストの割合は37％と非常に低く，実際に開示する企業も17％とごく僅かであった。近年，投資家および企業がESG情報へ高い関心を寄せていることと比べると，2008年当時の米国では随分その注目度が低かったといえる（井口2013）。

共同調査の結果が示すとおり，すべての予想項目について，企業が実際に開示する割合は，アナリストが開示を希望するレベルを満たしていなかった（唯一，税率を除く）。しかし，いくつかの予想項目については，企業サイドも積極的に情報を開示しようとしている姿が垣間見られた。これは，米国企業が，アナリストのすべての要求に応えて情報を開示するのではなく，アナリストが自前で予想を行うべきと考える項目はあえて開示しないという態度をとっている証左とも考えられる。この点は，前章で触れた業績予想開示の在り方を検討するうえで，日本企業にとって参考になるであろう。

第4章
IR活動における時間軸の課題（２）－長期視点と非財務情報開示

3. 非財務情報の開示とコミュニケーションに関する先行研究

（１）米国におけるIRとコミュニケーションの関わり

　上述したとおり，わが国においても，近年，非財務情報の開示要求が高まることにより，企業は，それらの情報と企業価値の関連性を説明するために，従来以上に，アナリスト・投資家との対話を重視する必要性を認識するようになったといわれている（経済産業省 2012）。また，わが国研究においても，非財務情報を含む企業情報とコミュニケーションの関係を指摘するものが少なからずある[2]。しかし，わが国における先行研究では,「コミュニケーション」という言葉には言及するものの，IR活動におけるコミュニケーションの実践と開示情報の関連性にまで踏み込んだ実証研究は筆者の知るところ存在しない。

　その点において，わが国に多くの示唆を与えるのが，Alexander V. Laskin（2008）の研究である。Laskinは，コミュニケーションの視点から米国企業のIR活動を考察し，コミュニケーションと非財務情報開示の関連性を分析している。

　Laskin（2008）は，学問領域におけるコミュニケーションとIRの融合を図るため，NIRIと連携して米国企業のIR活動の現状を調査した。彼は，IRをコミュニケーション活動の一部と捉え，コミュニケーション研究の進化の歴史とMorill（1995）がまとめたNIRI発展の歴史—Origins of NIRI—を重ね合わせることで，過去から現在においてIR活動が変容するさまを３つの時代区分に分けて整理した。その結果を示したものが表4-2である。ここでいう３つの時代とは，コミュニケーションの時代，ファイナンスの時代，両者共働の時代を指す。

　1970年以前，IRの実践は従来の広報宣伝活動のなかに含まれていた。しかし，米国市場の歴史でも述べたとおり，1970年代に入ると市場環境の変化により，IRの主たる対象が個人投資家から機関投資家に推移した。そこで，Laskinは，1975年以前を「コミュニケーションの時代」，それ以降を「ファ

---

[2] 記虎（2005），小西（2012a）など。

第2部
インベスター・リレーションズの応用
―企業情報開示の現代的課題を巡る考察―

イナンスの時代」と区分した。1970年代の米国は，企業規模拡大と利益額増大を目指しM&Aを頻繁に行い，コングロマリットを形成していった時代である。この間，機関投資家に属するアナリストたちは，企業に対して決算発表前にコンタクトをとり，情報収集することにやっきになっていた。その際，コンタクトをとる相手先は，従来の広報部ではなく財務部であった（Laskin 2008, 69）。

しかし，2002年のエンロン・ワールドコム事件の発生を機に，再びIRの役割は変化する。2003年，NIRI基準書におけるIRの定義は改定され，IRの目標は「企業の証券が公平な企業評価を受ける」ことであり，その対象は「金融コミュニティやその他のステークホルダー」となった。2000年代初頭に市

表4-2　米国におけるIRとコミュニケーションの関わり

特徴	コミュニケーションの時代 (Communication era)	ファイナンスの時代 (Financial era)	共働の時代 (Synergy era)
期間	1945-1975	1975-2005	2005-現在
広報モデルとの比較	プレス（新聞など） 代理人 広告と広報	双方向 非対象	双方向 対称
目的	プロモーション 情報発信	高い企業価値 (High valuation)	適正な企業価値 (Fair valuation)
コミュニケーションの方向	企業から一方向	双方向	双方向
コミュニケーションからフィードバックを受ける対象	企業	企業	企業と投資家
IROに求められる役割	コミュニケーションの専門家	会計の専門家	経営者 （マネージャー）
コミュニケーションの性質	受動的	受動的	積極的・能動的
焦点となる期間	ショートターム	ショートターム	ロングタームとショートターム
組織内の位置付け	広報・コーポレートコミュニケーション	財務・金融	独立したIR部門
担当者のバックグラウンド	コミュニケーション・ジャーナリズム	ファイナンス・会計	2つの学位・大学院修了

出所：Laskin (2008) を筆者翻訳。

場の信頼を損ねる事件が発生したことで，IR担当者は，「透明性があり倫理観ある事業活動を望む社会の要請に応える必要が出来てきた」（Ernest 2007, 80）と述べている。これをきっかけに，投資家たちは，企業の開示情報として強制開示の内容だけでは満足しなくなる。「投資家を対象とした今日のコミュニケーションでは，財務数値のみならず，投資家が売り買いの意思決定をするために高度なレベルの質問ができるだけの情報，すなわち，ビジネスの特性や長期戦略そして非財務情報を説明できるようにしなければならないのである」（Favaro 2001, 77）。

そこで，Laskin（2008）は，2005年以降を「コミュニケーションとファイナンスの共働の時代」と表現し，IROは，両者の専門知識が要求されると同時に，投資家たちとの長期視点での関係構築が求められるようになったと指摘している（表4-2）。

（2）非財務情報とコミュニケーションの関連性

Laskin（2008）は，投資家に伝える企業情報として早い段階から無形資産と非財務情報の重要性に注目していた。そこで，「伝達情報（財務情報と非財務情報）とコミュニケーション頻度の関連性はどうなっているのか」というリサーチ・クエスチョンに基づき，「伝達情報として重要と思われる情報は，その情報のコミュニケーション頻度と正の関係がある」という仮説をたて検証を行った（Laskin 2008, 142-154）。この研究に先立ち，LaskinはNIRIの協力を得て会員企業に対するサーベイ調査を実施している。

2008年2月時点においてNIRIの会員である560人のIROに対して調査表をメールで送付し，合計180（質問内容により回答者数は若干異なる）人の回答を得た。まず，IROが投資家たちに伝える情報の中身を財務情報と非財務情報に区分し，さらに非財務情報を9つに分けている。その内訳は次のとおりである。経営戦略（Strategy），経営陣（Management team），従業員および人事政策（Employees and HR policies），組織資本とリソース（Organizational capital and resources），研究開発（Research and development），製品およびサービス（Products and services），消費者およ

び同業他社との市場ポジション（Market position），CSR，そして，広告・IRおよび宣伝を含むコーポレートコミュニケーション（Corporate communication）の9項目である。質問内容は，財務情報と非財務情報の合計10の指標について，「どのような頻度で投資家に伝えているのか」，そして，「どの指標が重要と思われるか」についてたずねている。頻度および重要性を測定する方法としては，各質問に対し，回答者に0（伝えない/重要性ない）から10（常に伝える/重要である）のいずれかを選択してもらうという単一項目尺度を使った測定が行われた。

その結果を示したものが図4-1である。縦軸にコミュニケーションの頻度を，横軸に情報の重要性を示している。この結果から，財務情報，および，非財務情報のなかでは経営戦略に関する情報が，伝達頻度および情報の重要性が最も高いことが明らかになった。一方，コーポレートコミュニケーション，研究開発，従業員情報，CSRについては，平均（5.0）以下であった。2008年時点の調査でCSRの重要性が最も低い値を示していた[3]。

わが国における非財務情報の在り方を検討した先行研究に中條（2013），北川（2013）がある。中條（2013）は，非財務情報を財務情報と対立して捉えるのではなく，財務情報を補い，企業の将来業績の先行指標となりうる情報を非財務情報と捉えると定義している。すなわち，非財務情報は，現行の財務諸表ではタイムリーに伝えきれない企業価値の源泉を伝達すると指摘しているのである。さらに，北川（2013）は，企業サイドからの自主的な開示が有効であるためには，長期の経営戦略が必要であることを指摘している。

近年，企業の開示情報のなかでもとくに非財務情報に注目が集まり，ややもすると，財務情報の有用性が薄れ，非財務情報の開示ばかりに目がいきがちである。しかし，図4-1が示すとおり，企業は，投資家とのコミュニケーションのなかで伝える最も重要な情報として財務情報を捉えており，それを補う形で，企業の経営戦略が位置付けられている。Laskin（2008）の調査結果は，

---

[3]「リーマン・ショック（2008年9月）は，全般的にCSRへの関心を低下させる一方，企業の利益の持続性や存続そのものへの関心を増大させた」（住田 2013, 20）との指摘もある。本調査が実施されたのは2008年2月であったが，サブプライムローンの影響による経済環境の悪化で米国企業がCSRへの関心を低下させたとも考えられる。

第4章
IR活動における時間軸の課題（2）－長期視点と非財務情報開示

図4-1　IRにおける財務情報および非財務情報の重要性とコミュニケーションの頻度

出所：Laskin（2008）を筆者翻訳。

偶然にも，中條（2013），北川（2013）の指摘を可視化しているといえる。

非財務情報の開示拡大要求が高まる昨今において（企業活力研究所 2012），Laskin（2008）の研究結果は，非常にタイムリーな内容である。これは，日本企業が，アナリスト・投資家とコミュニケーションを図る際，どのような優先順位で非財務情報を伝えるべきか検討するうえで大いに参考になる指標と筆者は考える。

第3節　欧州を中心とした非財務情報開示拡大要求の高まり

1. 欧州におけるIIRCの動き

一方，欧州においても非財務情報の開示を巡るさまざまな動きが生じていた。2000年代初頭，企業の多くはCSR情報やESG情報などの非財務情報の開示をコストと捉えていたが，2000年代半ば以降，企業価値と関連する企業固有の要素と捉え，ビジネス戦略に活用する見方が広がってきた（首藤 2013，

4）。そうした観点から，OECD, IASB（国際会計基準審議会），WICI（World Intellectual Capital/Assets Initiative）が，それらの情報の開示の枠組み作りにのりだした。

OECDは，無形資産は成長の源泉との立場から，企業報告に無形資産を報告に盛り込むためのレポーティングの方法について議論を進めており，WICIは，それぞれの企業固有の要素を重視して，形式主義に陥らない実質優先の情報開示と指標の選択を奨励している（首藤 2013, 4）。

時同じくして，英国のチャールズ皇太子は，2006年にA4Sプロジェクトを開始した。これは，環境資産・自然資産などの消費を計測して財務諸表などに載せるべきとの考えをベースとしたものであった。2008年には，A4Sフォーラムが形成され，環境のみに焦点をあてるのではなく，財務情報と非財務情報を一体化した報告（Connected Reporting）を目指す活動となり，2009年12月にはCRF（Connected Reporting Framework）が創設された。さらに，2010年7月に，A4Sは，GRI（Grobal Reporting Initiative）とともにIIRCを創設した（住田 2013, 21）。

2010年に発足したIIRCは，WICIの基本的な考え方に共感し，WICIと密接に強調しながら統合報告の枠組み作りを検討してきた（首藤 2013, 4）。IIRCは，2011年に，「統合報告にむけて――21世紀における価値の伝達」と題するディスカッション・ペーパーを公表した。このなかで，IIRCは，既存の報告と統合レポートの違いを明示した（表4-3）。

IIRCは，企業およびビジネスモデルを「価値創造のメカニズム」と捉え，統合報告の目的は，組織がいかに短中長期の価値を創造・持続させるかを描写することにあるとしている（住田 2013, 22）。本ペーパーでは，統合報告を次のように定義している。「統合報告は，組織が事業運営を行う商業上，社会上および環境上の背景を反映するように，組織の戦略，ガバナンス，業績および見通しについての重要な情報をまとめあげる。それによって，組織がどのようにスチュワードシップを実践するか，そして，組織が現在及び将来にわたってどのように価値を創造・維持するかに関して，明瞭かつ簡潔に表明されることとなる。統合報告は，それぞれ独立した報告（財務，マネジ

第4章
IR活動における時間軸の課題（2）－長期視点と非財務情報開示

表4-3　既存報告と統合報告の違い

	現在の報告	統合報告
思考	分離・独立	統合
スチュワードシップ	財務資本	人的資産，知的資産，天然資源，社会資本を含むあらゆる種類の資本
焦点	過去，財務	過去及び将来における，関連付けられた内容についての戦略的な報告
時間軸	短期	短期，中期及び長期
信頼	狭い開示	より高い透明性
適応性	規則的	原則主義に基づく，個々の状況に対応した報告
簡潔	長文かつ複雑	簡潔かつ重要
科学技術の利用	紙ベース	ウェブやXBRLなどの技術活用

出所：IIRC (2011)。

メント・コメンタリー，ガバナンスと報酬，及び持続可能性報告）において，現在報告されている情報の最も重要な要素を，まとまりのある全体に結合させる」(IIRC 2011)。

IIRCは，2013年4月にはConsultation Daraft (IIRC 2013a) を示し，同年12月9日，IIRCは，国際統合報告フレームワーク（International Integrated Reporting Framework）を発行した（IIRC 2013b)。

2. 英国におけるKayReviewの公表

IIRCが，関連機関と協調しながら統合報告の枠組みを検討する動きとは別に，英国では，2010年7月，ケイ報告書（KayReview）が公表されている[4]。これは，資本市場における悪しきショート・ターミズムを打破しようと英国政府の諮問を受けてJohn Kay教授が発表したものである[5]。

ケイ報告書の主張は，「英国株式市場の目的は，企業の業績を向上させる

---

[4] "THE KAY REVIEW OF UK EQUITY MARKETS AND LONG-TERM DECISION MAKING FINAL REPORT　JULY 2012" <http://www.sns.se/sites/default/files/kay_review_of-equity_markets_final_report.pdf>。

[5] ケイ報告書の意義とわが国への示唆を詳細に論述したものに北川・林 (2014) がある。

こと，および，最終投資家に全体として良好なリターンを確保することにある。このためには，名も知らない代理人間で行われる短期的取引よりは，信頼と信用に基づく関係を構築することが有効である。この手段として，投資先企業への関与を深めること（集団的エンゲージメント）や，企業が高品質で簡潔な叙述的報告を行うことが重要である」というものであった（北川・林 2014）。

ケイ報告書は，株式市場の問題点の分析を行ったのち，改善策の提案・勧告がなされている。このなかで，17の勧告が示されているが，そのうち，3つが投資情報に関するものであった。

まず1つめに，短期的業績予想開示の中止が示された（勧告6）。ケイ報告書は，企業に対し，ショート・ターミズムを助長するような短期的な業績予想とその開示を，企業は，やめるように努めるべきことを勧告している。

次に，期中経営報告（四半期報告）(Interim Management Statement (quarterly reporting))義務の撤廃を示している（勧告11）。アセット・マネージャーに必要な情報は長期的判断に有用な情報であって，短期のランダムな変動の結果ではないことから，ケイ報告書においては，期中経営報告義務の撤廃を勧告している。

3つめに，高品質で簡潔な叙述的報告（narrative reporting）の推奨を行っている（勧告12）。叙述的な報告書は，本質的な事項を適切に説明し，透明性の観点から重要な役割を果たすことから，企業に対して，定型的な報告ではなく高品質で簡潔な叙述的な報告を行うことを勧告している。

先に触れたIIRCにおける統合報告の検討とケイ報告書は直接的にはリンクしていない。しかし，アプローチの仕方は異なるものの，時同じくして，投資家に対して長期投資を促し，企業に対して長期的価値の増強を求める提言がなされているのは，昨今における市場環境の大きな変化が要因となっている点において共通している。これらの提言を受け，企業は，組織が現在および将来にわたってどのように価値を創造し維持するかに関して，明瞭かつ簡潔に表明する必要性が生じ，非財務情報開示の在り方の検討，さらには，新たな情報開示のフレームワークである統合報告への対応が求められるよう

になったのである。

3. 統合報告の先進事例

　先述したIIRCの動きのなかで概観したとおり，近年，長期投資促進の目的から非財務情報の重要性が認識され，財務情報と非財務情報を融合する1つの形式として統合報告が注目を集めている。IIRCは，従来の報告と統合報告の違いを8つの項目で対比することにより，統合報告の目的が，従来のように過去の財務情報で短期の企業価値を開示することではなく，組織がいかに短中長期の企業価値を創造・持続させるかを描写することであると明示している（表4-3）。

　この大きな情報開示の流れは，昨今の市場環境の変化と相まって表出してきたものである。それゆえ，各国の市場関係者および発行体である上場企業においては，それら情報開示の在り方の検討が近々の課題となっている。そのなかで，広義・狭義の両面から統合報告の好例として頻繁に引き合いに出されるのがデンマークのヘルスケア企業，ノボ・ノルディスク社である[6]。本項では，同社のアニュアルレポートを詳細に分析しながら，統合報告書のなかで非財務情報として開示される項目が何かを具体的にみていくものとする。

　ノボ・ノルディスク社は，デンマークに本社を置く糖尿病ケアの世界的リーディング・カンパニーである。創業は1923年，インスリンの製造販売をしたのが開始である。1989年にノボ・インダストリ社とノルディスク・ゲントフテ社が統合し，現在のノボ・ノルディスク社が設立された。年間医薬品売上高は13,826百万ドル（2012年実績），2012年度末現在で従業員は34,731人である[7]。

　医薬品は人の命に関わることから，製薬産業は極めて高い社会性をもつと

---

[6] 藤原（2012）は，統合報告には2つの意味があるとし，狭義には「単一の文章を意味し，紙による文書はもちろんのことPDFファイルのような形で提供される電子文書も含まれ」，広義には「財務情報および非財務情報の両者を，相互の影響を示しながら報告すること」と説明している。

[7] Novo Nordisk Homepage<http://www.novonordisk.com/default.asp>。

いわれる。また，新薬の開発は，通常10年以上の年月をかけて行われるため，他産業を大きく上回る研究開発費が必要となる。もともと，医薬品業界は業界再編が激しいといわれることが多いが，激しい市場競争のなかで企業として利益を上げなければならないという経済合理性に支えられた収益性と，高い社会性を維持しなければならないという産業としての使命を併せもつのが医薬品産業の特性といえる（伊藤2010, 14）。

このような，産業に関わるノボ・ノルディスク社が，なぜ統合報告の先駆者と呼ばれるのかというと，それは，彼らの揺るぎない経営哲学（トリプルボトムラインアプローチ）に裏打ちされた年次報告書（Annual Report，以下，「AR」という）の内容が，IIRCが示した統合報告の考え方と一致するからである。

同社の歴史をまとめた「Novo Nordisk step by step」によれば，1994年デンマークではじめて環境レポートを発行。1999年社会レポート発行。2002年，UNGC（国連グローバル・コンパクト）に署名，そして，2004年には，企業が財務・環境・社会の3つの側面に配慮し経営を行うことを強調するよう会社の定款を修正したとの記載がある。財務・環境・社会へ配慮した経営を行うことはノボ・ノルディスクの「トリプルボトムライン」と呼ばれる経営哲学である。過去の苦い経験から（北川2012），ノボ・ノルディスク社は徹底的に環境・社会問題に取り組むようになり（Novo Nordisk 2012a），それが，熱心なCSR活動として現れ，今日でいうところの持続可能性に配慮した企業活動として体現されている。

北川（2013）は，欧州と日本の大手製薬企業における主要な非財務情報項目を18列挙して，その開示の有無と，その内容が強制的開示（M：Mandatory Information）か任意開示（V：Voluntary Information）かについて調査している。これらの項目には，AR記載項目だけでなく，企業のWEBサイト，およびCSR報告書あるいは統合報告化したARに掲載してある項目，さらには，通常，企業がコメントしない項目まで含まれている。そこで，本項では，北川（2013）に示された18項目のうち，ARあるいはCSRレポート，企業WEBサイトで確認可能とされた13項目を抽出し，ノボ・ノル

第4章
IR活動における時間軸の課題（2）－長期視点と非財務情報開示

ディスクの直近（2012年度）のARにそれらの項目の記載があるか否か確認をしてみた（Novo Nordisk 2012b）。その結果をまとめたものが表4-4である。

ノボ・ノルディスクにおいては、①～⑬すべての非財務項目がARのなかで確認することができた。同社のARは、統合報告化したARでもあるので、その内容は簡潔であると同時に、あらゆる種類の資本に関する情報が記載されている。

直近2012年のARは、114ページから構成され、ARの冒頭には、ChairmanとCEOからの投資家への手紙が掲載されている。

短期の業績予想は、2013年の見通しということで、「Sales growth」、「Operating profit growth」、「Net financials」、「Effective tax rate」、「Capital expenditure」、「Depreciation, amortization and impairement losses」、「Free cash flow」について、レンジあるいはおよその目安数値が記載されている。また、長期の財務目標として、「Growth in operating profit」、「Operating margin」、「Operating profit after tax to net operating assets」、「Cash to earnings（three-year average）」が開示されている[8]。わが国の業績予想が、形式的な項目で開示されているのとは随分異なる趣きである。

同社のARの全ページ数の約半分（49ページ）は、「財務・社会・環境に関する統合報告（Financial, social, environmental statements）」に分かれている。この内容はまさに、「統合された情報を提供するために、持続可能な事業の実践と財務業績とをつなげるだけでなく、厳格なアプローチを採用しながら財務および非財務データの報告を結びつけている」といえる（藤原 2012, 12）。

ここでいう厳格なアプローチとは、財務報告はIFRSに基づいて作成し、一方で、その基準が確立されてない非財務情報報告については、G3サスティナビリティ・レポーティング・ガイドラインに基づき報告していることである。この旨を外部に宣言することで、持続可能性に配慮する企業であること

---

[8] 北川（2012）は、この点を「長期財務目標として3年平均の『Cash to earnings』を明示するということは、余計な金融資産をもたずに、余剰が出たらすべて株主に還元しようというものであり、自らの将来の長期業績について相当の自信がなければ目標として設定できない」と指摘している。

表4-4 ノボ・ノルディスクのアニュアルレポート掲載項目

	非財務情報項目※	タイプ	ノボ・ノルディスク社 2012年版AR	ARの項数
①	経営理念	M	○	p.12, p.19
②	事業戦略と事業リスク	M	○	pp.15-19, pp.41-43
③	中期的ゴール	V	○	p.10, pp.13-14
④	短期的業績予想	V	○	p.9
⑤	財務戦略と財務リスク	V	○	pp.9-10, p.43
⑥	主要品目別・地域別売上	V	○	pp.32-37
⑦	新薬開発状況	V	○	pp.30-31
⑧	環境	V	○	p.14, pp.101-103
⑨	コンプライアンス	M	○	pp.12-13, p.100 pp.109-112
⑩	従業員	M	○	p.12, pp.99-100
⑪	コーポレート・ガバナンス	M	○	pp.46-54
⑫	知的資産	V	○	p.12, p.98
⑬	株主状況	M	○	pp.44-45

出所：北川（2013）を参考に，筆者がノボ・ノルディスクのAR情報（右2列）を追加して作成した。
(注) 北川（2013）は，①〜⑦および⑬は主にARあるいは決算説明会資料で開示される項目，⑧〜⑫は主にCSRレポートあるいは統合報告化したARに掲載される項目としている。

を訴えている。また，ARの監査はPwCが実施しているが，PwCは同社が報告する非財務的な業績に対する保証も行っている（Novo Nordisk 2012b, 111）。

さらに，同社は統合されたARを作成するなかで，情報利用者のユーザビリティにも配慮して，紙媒体の報告書のみならず，同社ウェブサイトでそれを補完する情報をさまざまな形で提供している（Novo Nordisk 2012b, 112）。この点も，ウェブの技術の活用を推奨するIIRCの統合報告の考え方と一致している。

同社は，ARの"How we are accountable – Materiality –"のなかで，「財

務的および非財務的な資産に関する報告書を結合させる目的は,ステークホルダーの当社に対する評価を高めることにある[9])」としており,「主要なステークホルダーと良好な関係を構築し維持する」ことは,ノボ・ノルディスク・エッセンシャルズに謳っている。すなわち,同社にとって,統合報告を作成することは,企業が主体になって,自社の価値観を共有できる投資家に末永く株式を保有してもらう活動を積極的に行うことを意味しているといえる(北川 2010b, 13)。

ノボ・ノルディスクのゆるぎない経営哲学に裏打ちされたARに織り込まれる企業情報は,まさに,IIRCが示す統合報告の内容(表4-3)を具現化したものといえる。

第4節　日本における非財務情報の開示要求の拡大

1. わが国における非財務情報の開示を巡る動き

本節では,日本における非財務情報開示の現状を考察する。JIRAの歴史を紐解くと,米国でエンロン・ワールドコム事件が発生したのを機に,わが国においても,IR活動における長期視点と非財務情報開示の重要性に目がむけられていたことがわかる。それを裏付けるものとして次のような記述がある。

「2001年のエンロン,2002年のワールドコムの不正とそれに続く破綻は,日本企業のIR関係者にも衝撃を与えた。今まで『モデル』とされていた米国企業のIRに修復しがたい綻びが明らかになったからである。監査法人やアナリストの倫理問題もクローズアップされ,日本でもアナリストの信頼性が議論されるようになった。日本企業への影響としては,2002年のSOX法への対処,NYSEへの上場見直しといった直接的なものに加え,財務情報に限らず,より定性的な情報,例えば無形資産の情報を開示しようという意識

---

[9]) 当記載は2008年の同社アニュアルレポート参照<http://annualreport2008.novonordisk.com/how-we-are-accountable/materiality.asp>。

第2部
インベスター・リレーションズの応用
—企業情報開示の現代的課題を巡る考察—

が高まったことなどがあげられる。投資家の短期志向を助長する情報より，中・長期的な経営戦略の理解を助ける情報を開示しようという動きである[10]」（日本IR協議会 2005, 80）。

他方，わが国の経済産業省は，2005年から「知的資産経営」という考え方を推奨してきた。この考えは，「自らの企業の特徴，能力，リソースを特定し，何を目指し，その実現のためにリソースをどのように活用して価値創造を行う戦略をとるのか，その結果はどうなのか，ということを，過去から現在，現在から将来の2つのサイクルで，財務情報ともからめながら記述する」との考え方である（経済産業省 2005）。この考えは，米国のEBRCや欧州のEFFASなどにも共感を得て，WICIの創設につながっていく[11]。そして，上述したとおり，IIRCが設立されると，統合報告の枠組み検討にあたりWICIの考え方が多く取り入れられたのである。

IIRCが，2011年9月に「統合報告に関するディスカッション・ペーパー」を公表したのを受け，わが国においても，2012年3月，時同じくして，2つの調査研究報告がされている。

1つは，経済産業省主導のもと公表された「平成23年度総合調査研究—持続的な企業価値創造に資する非財務情報開示のあり方に関する調査」の報告書である（経済産業省 2012）。このなかでは，有識者・市場関係者へのヒアリングの実施，および，国内外の開示事例を参照することで，企業の本源的価値の追求のために企業・投資家・政府などに対し期待される12のアクションを提案している。さらに，当報告書のはじめには，「広義の企業価値の向上の取組みにおいては，非財務情報の開示と対話がより大きな役割を果たす」旨が明記されている（経済産業省 2012）。

もう1つは，企業活力研究所（2012）から発表された「企業における非財務情報の開示のあり方に関する調査研究報告書」である。同報告書のなかでは，「わが国の公開企業における情報開示の現状」を示し，非財務情報の範

---

10) この動きを受けて，2002年6月19日付け日本経済新聞は，投資家が「見えない資産」を重視しているというIR学会の調査結果を報じている。
11) WICI〈http://www.wici-global.com〉。

第4章
IR活動における時間軸の課題（2）－長期視点と非財務情報開示

図4-2　わが国の公開企業における情報開示の現状

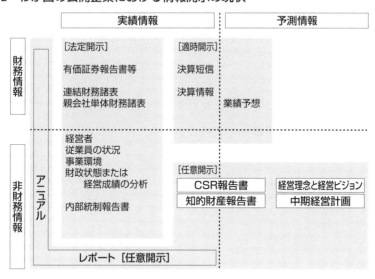

出所：企業活力研究所(2012, 3), 図1－1。

囲を定義している（図4-2）。同報告書で調査対象となっている企業は限定的であるものの，情報開示の在り方を検討するうえで，議論の前提となる非財務情報の範囲を具体的に定義した点において画期的な報告であった。

　わが国の上場企業が開示する情報は多岐にわたる。有価証券報告書などの法定開示情報，決算短信のような民間規制による適時開示情報，そして，アニュアルレポート，CSR報告書，知的財産報告書，経営理念やビジョン，中期経営計画などの任意開示情報である。これらの情報を，図4-2では，財務情報と非財務情報，実績情報と予測情報に分類している。

2.　日本企業の統合報告書の現状

　世界における情報開示の新たなフレームワークの動き，そして，国内におけるこれらの報告書の公表を受け，近年，わが国上場企業においても，財務情報および非財務情報を融合した統合報告書作成への取組みがみられるようになってきた。

第2部
インベスター・リレーションズの応用
―企業情報開示の現代的課題を巡る考察―

　ESGコミュニケーション・フォーラム（2014）によれば，日本国内において，2013年には95社が何らかの形で統合された報告を実施している（図4-3）。図4-3から，2011年度以降，統合レポートを作成する企業が急激に増加していることがわかる。

　KPMG（2013）は，2013年11月時点で統合報告書を発行した国内企業56社にKPMGの独自調査による2013年度の発行企業25社を加えた81社を対象に，統合報告に関わる国内事例調査を行っている[12]。以下では，その内容を詳細にみていくものとする。

　KPMG（2013）において，統合報告書作成企業に対し，その名称をたずねたところ，「アニュアルレポート」としている会社が4割程度，「会社名+レポート」としている会社が3割程度であった。「会社名+レポート」の具体例としては，「豊田合成レポート」，「Kawasaki Report」などであった（図4-4）。「その他」と回答した企業8社の具体的な名称は次のとおりである。古河電気工業では「サステナビリティレポート」，リコーも同名称。大日本スクリーンは「経営レポート」，飯野海運では「経営報告書」，三菱ケミカルホールディングスは「KAITEKIレポート」，第一三共は「バリューレポート」，JFEホールディングスは「JFEグループ TODAY」，住友生命相互会社は「ディスクロージャー誌」である。

　次に，対応言語について質問したところ，9割の会社が，英語版を発行していた（図4-5）。日本語のみ発行している会社は3社で，AXA生命保険，住友生命保険，新日本有限責任監査法人であった。逆に，英語のみ発行している会社も3社あり，関西ペイント，昭和電工，横浜銀行であった。

　さらに，日本語版の統合報告書を決算後，何ヵ月後に発行しているのかたずねたところ，約6割の会社が，決算から4〜5ヵ月後に発行していることが判明した。3ヵ月後に発行していると回答した企業は7社であった。この7社は，日本たばこ産業，TOTO，JFEホールディングス，日立建機，村田製作所，曙ブレーキ工業，飯野海運であった。7ヵ月後に発行している会社

---

[12] 本項のデータは，KPMGジャパン統合報告アドバイザリーグループが2013年11月時点の顧客企業を対象に実施した「日本企業の統合報告動向調査」を参照した。

第4章
IR活動における時間軸の課題（2）－長期視点と非財務情報開示

図4-3　統合報告書作成企業の推移

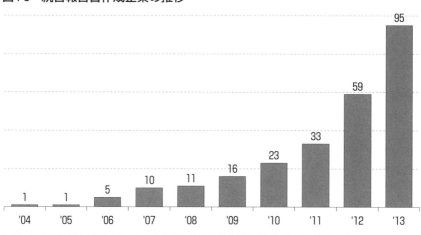

出所：日本証券業協会「インターネット取引に関する調査結果（平成25年3月末）」より筆者作成。

は4社で，第一三共，リコー，三菱商事，ローソン。9ヵ月後に発行している会社は1社であった（図4-6）。

続いて，統合報告書（日本語版）の総ページ数をたずねたところ，平均は84ページ。そのうち，61～80ページの会社が3割で最も多く，次いで41～60ページの会社が2割強，81～100ページの会社が15％であった（図4-7）。統合報告という性質上，従来あった情報を合体させるだけでなく，いかに質の向上を図り，量を減らすか，各社知恵を絞っているといえる。わが国の平均は，上述したノボ・ノルディスク社のものよりはやや少なめといえる。

また，統合報告の発行に伴い，既存文書（CSR報告書）を廃棄した割合は，65％であった（図4-8）。最後に，非財務情報（ESG情報）の総ページ数についてたずねたところ，平均は23ページで，11～30ページと回答した企業が，全体の6割弱を占めた（図4-9）。

これらKPMG（2013）の調査結果は，わが国企業における統合報告の現状の形式的な姿を明らかにしたものであった。一方，企業が作成した統合報告書をアナリスト・投資家などの立場から詳細に評価する制度として，WICIジャパンは2013年11月より「統合報告」表彰制度をはじめた（WICIジャパン

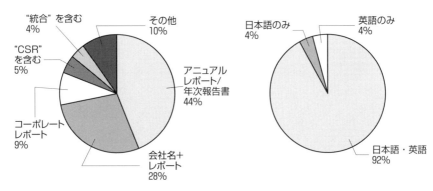

図4-4 統合報告書の名称
図4-5 対応言語

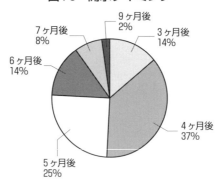

図4-6 開示タイミング

2013)。

　第1回目の「統合報告」優秀企業賞には，伊藤忠商事，オムロン，ローソンが選ばれ，その選考理由は「ペーパーベースの年次報告書を作成する伝統を承継し，株主・投資家向け報告を基軸にするか，あるいはCSR向け報告を基軸にするかのいずれであれ，財務・非財務のデータを統合し，企業の価値創造活動を簡潔に示し，企業の将来が見通せる（WICIジャパン 2013)」統合報告を実践しているからであった。また，Web統合開示特別賞にはTOTOと三菱商事が選出された。

　近年，統合報告書を作成する日本企業が急激に増加していることからも明

第4章
IR活動における時間軸の課題（2）－長期視点と非財務情報開示

図4-7 統合報告書（日本語版）総ページ数　図4-8 既存文書の改廃（CSR報告書の存続）

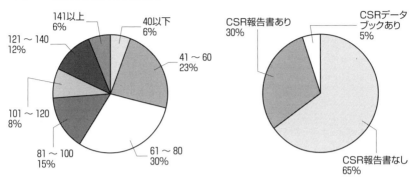

図4-9 非財務情報（ESG情報）のページ数

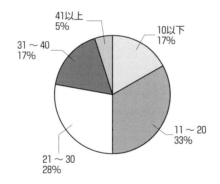

出所：KPMG（2013）。

らかなとおり，世界の新たな情報開示の潮流のなかで，わが国においても，非財務情報の開示，さらには，統合報告の在り方に関する議論が年々活発化している[13]。

13） 古庄（2012），加賀谷（2012），小西（2012b）など多数。

第2部
インベスター・リレーションズの応用
－企業情報開示の現代的課題を巡る考察－

第5節　おわりに

　本章では，米国，欧州，日本における長期投資の促進と非財務情報開示の拡大要求の現状について考察してきた。一連の比較分析をとおして次のことが明らかになった。

　第1に，欧米企業は自社の長期的価値を投資家に伝えるため非財務情報として何を開示しているのかについては，CFA Institute（2008）およびNIRI（2008）のサーベイ結果をクロス・チェックすることにより，米国企業の実態を明示した（表4-1）。米国企業は，業績予想情報のなかに利益の予想数値のみならず非財務予想も織り込んで開示していることが判明した。また，米国企業の開示姿勢から，企業は，アナリストたちの要求にすべて応えるのではなく，アナリストが自前で予想を行うべきと考える情報内容はあえて開示しないという強いポリシーを持つことが垣間みえた。米国企業の開示姿勢は，完全なる自主開示となったわが国の業績予想をアナリスト・投資家に伝える際，日本企業がどのように彼らと対峙すべきか有益な示唆を与えるものと考える。

　一方，欧州企業に関しては，2012年に発表された「ケイ報告書」のなかで，長期投資を促す情報開示の内容が具体的に提案されていた。さらに，統合報告の先進企業であるノボ・ノルディスク社のARを詳細に分析することで，同社が開示する非財務情報を明らかにした（表4-4）。同社の統合報告は，財務・環境・社会へ配慮したトリプル・ボトムラインという経営哲学に則り行われていたのである。

　第2に，非財務情報の開示と投資家との対話をどのように結び付けているのかについては，米国企業の実態を明らかにしたLaskin（2008）の研究を詳細に分析した（図4-1）。わが国のIR研究者たちが，IR活動におけるコミュニケーションの重要性を頻繁に指摘しながらも，開示情報とコミュニケーションの関連性に着目した実証研究に未着手である現状を鑑みると，Laskin（2008）は，実務面のみならず研究面においても，わが国に重要な示唆を与

第4章
IR活動における時間軸の課題（2）－長期視点と非財務情報開示

えると筆者は考える。

　ここまで，時間軸により変容する企業情報に焦点をあてながら，わが国企業のIR活動を考察してきた。繰り返し述べたとおり，企業は，財務情報であれ，非財務情報であれ，それら企業情報を自社の将来の企業価値に結び付けながら，情報の受け手であるアナリスト・投資家たちに伝えなければならない。そのためには，企業からの一方的な情報発信ではなく，アナリスト・投資家の意見にも耳を傾けた双方向のコミュニケーションがより重要になってくる。その際，アナリスト・投資家の意見を知るうえで有効な手掛かりとなるのがIR活動の外部評価である。そこで，次章以降では，わが国の外部評価に着目しながら，日本企業のIR活動を考察していくものとする。

第 5 章

IR活動における外部評価の課題（1）
－外部評価の現状

第2部
インベスター・リレーションズの応用
－企業情報開示の現代的課題を巡る考察－

第1節　はじめに

　本章の目的は，企業がアナリストや投資家との対話を促進するうえで，重要な指針となりうるIR活動の外部評価の現状を詳細に把握することである。

　前章で考察してきたとおり，昨今，投資家に長期投資を促すための非財務情報の開示に注目が集まっている。そして，企業は，自社の企業価値と関連性をもたせながらそれらの情報を伝えるために，アナリスト・投資家との対話がより重要な役割を果たすことを認識しつつある（経済産業省 2012, 4）。その際，必要となるのが，対話相手が望む情報が何であるかを把握することである。相手の情報ニーズを理解したうえでコミュニケーションを図ることは，両者の理解を深め，より意味のある対話を促進すると考えられる。そしてアナリスト・投資家が望む情報を知るうえで有効な手掛かりとなるのが，わが国に複数存在するIR活動の外部評価である。

　第1章で述べたとおり，IR発展の歴史は，上場企業と投資家およびアナリストとの葛藤の歴史であった。IRオフィサーとアナリスト・投資家は相互牽制システムの環のなかに存在し，企業のIR活動を評価するのは主にアナリストたちである。事実，IR活動の普及・促進を目的とした米国アナリスト協会の前身であるAIMRは，1987年より，企業が行うIR活動を評価し数値化した結果を毎年公表するようになった。わが国においても状況は同じである。しかしながら，日本と米国その他の国々と大きく異なるのは，わが国には上場企業のIR活動を評価する機関が6つも存在する点である。

　そこで，本章では次のとおり分析を進めるものとする。第1節では，外部評価を行う各機関の特徴を整理する。第2節では，これらの機関が行う評価結果を用いた先行研究のサーベイを行う。ここでは，わが国で実施されている外部評価が，実務面でIR活動の普及・促進・向上に役立つのみならず，研究面でも有効に活用されていることを示す。第3節では事例分析を行う。企業がアナリスト・投資家たちの情報ニーズを理解してIRを実践することは，両者の理解と対話を促進し，企業が発信するIR情報の質も向上するため，

結果として，IRの外部評価が高くなることを，IR優良企業の事例を用いて明らかにする。最後に，まとめとして外部評価の有用性を高めるための改善点を指摘する。

第2節　わが国におけるIR評価機関

1. 1990年代に評価を開始した4機関

日本国内において，上場企業のIR活動を評価する機関は，現在6機関ある[1]（詳細は，表5-1および表5-2）。そのうち，1990年代に評価を開始したのが次の4機関である。SAAJ，東京証券取引所，JIRA，日本経済新聞社。なかでも，最も歴史のある表彰制度が，SAAJが実施する「証券アナリストによるディスクロージャー優良企業選定」である。1995年からはじまった本制度は，毎年春から夏にかけて対象企業の評価を行い，10月頃にその結果が公表される。平成24年度版として公表された手許資料によると，本表彰制度の評価対象および評価方法は以下のように記されている（以下，平成24年度「証券アナリストによるディスクロージャー優良企業表彰」より一部抜粋）。

まず，評価の区分は，「業種別」，「新興市場銘柄」，「個人投資家向け情報提供」の3区分である。評価対象については，「業種別」は原則として東証一部上場時価総額を基準として選定。平成24年度は16業種合計243社を対象としている。「新興市場銘柄」については，ジャスダック，マザーズ，セントレックス，Q-Boardおよびアンビシャスの5つの市場に上場している企業のなかで，時価総額上位であって，かつその企業を調査対象としているアナリストの数が一定以上の30社を対象とした。このうち，「個人投資家向け情報提供」については，本年度の優良企業選定対象である各業種（16業種）および新興市場銘柄についての選定結果における上位1割（小数点切り上げ）

---

1) 近年，「統合報告」の動きにあわせ，企業のアニュアルレポートなどの評価を新たにはじめた機関は除く（例えば，WICIジャパン「統合報告」表彰審査委員会が2013年以降実施するWICIジャパン「統合報告」表彰制度など）。

第2部
インベスター・リレーションズの応用
― 企業情報開示の現代的課題を巡る考察 ―

のうち，前年1年間（今回は，平成23年7月から平成24年6月）までの間において，「個人投資家向け会社説明会」を開催している企業の24社を対象とした。

評価方法は，「業種別評価基準」として，各業種5つの共通項目を設けている。この5つの項目は2005年度以降に見直しされたものであり，それ以前あった4つの項目に新たに「フェア・ディスクロージャー」および「コーポレート・ガバナンス」に関する視点が加わり，現在の形になった。その内容は，「1. 経営陣のIR姿勢，IR部門の機能，IRの基本スタンス」，「2. 説明会，インタビュー，説明資料などにおける開示」，「3. フェアー・ディスクロージャー」，「4. コーポレート・ガバナンスに関連する情報の開示」，「5. 各業種の状況に則した自主的な情報開示」である。これらの5項目に含まれる具体的な情報については，業種別かつ詳細に別途示されている。例えば，建設・住宅・不動産業において，「コーポレート・ガバナンスに関連する情報の開示」に含まれる具体的な情報としては，①資本政策・株主還元策，②目標とする経営指標など，③ガバナンス体制について，という具合である。それゆえ，万が一，本表彰制度の非対象企業であっても，アナリストたちが産業特性を加味したうえで，どのような情報を欲しているのか，これらの表彰制度の結果に目をとおすことで容易に知ることができる。

本表彰制度における，各分野の具体的評価項目および配点は，それぞれの専門部会の判断に基づき設定されている。この業種評価基準（以下，「スコアシート」という）に基づき，証券アナリスト経験年数3年以上でかつ現在当該業種担当概ね2年以上のアナリスト，延べ540名（平成24年度実績）が評価を行った。各評価対象企業の評価に当たっては各アナリストの自主申告により，過去1年間における当該企業への接触回数（4回以上）の要件を満たしていることとしている。新興銘柄については，各評価対象企業の業種が一律でないことから，上記5分野のうち，「各業種の状況に則した自主的な情報開示」を除く4分野に関して，10項目の具体的評価基準を設定している。この評価基準に基づき，新興市場銘柄をカバーしている（当該企業の情報開示に関しコンタクト実績がある）110名（平成24年度実績）のアナリストが

評価を行った。個人投資家向け情報提供については,「1. 個人投資家向け会社説明会の開催等」,「2. ホーム・ページにおける開示等」,「3. 事業報告書等の内容」の3分野について16項目の評価基準を設定している。

金子によれば,「業種別評価の対象とした企業には,その担当の専門部会委員のアナリストが手分けして訪問し,結果のフィードバックを行う。(一部省略)とくに,評価結果に満足できない企業は,常に一定割合存在するわけで,こうした企業に対しなぜ満足のいく評価が得られなかったのか説明,納得してもらうことは本制度のクレディビリティ維持の観点からも極めて重要なプロセスである。また,こうした過程で表明される意見のうち当方として改善すべき点については,翌年の作業に反映するべく努めている。こうしたことから,多くの企業において,評価結果の報告は今後の改善の在り方についての参考として積極的に受け止められている。(一部省略)このフィードバックとこれを通じた対話が本制度のユニークな特徴である」(金子 2008, 276)。

このような特徴をもつ本表彰制度は,1995年(第1回の選定対象は7業種59社であった)と比較して,年々その対象企業数が増加し,その評価結果からも日本企業のディスクロージャーが改善していく姿が読み取れる[2]。実際,平成24年度の評価結果の概要では,ディスクロージャー研究会座長の意見として次のような記述がある。「業種別における業種間の評価平均点の違いは,具体的評価項目の内容および配点に業種間の相違があることも反映している。また,昨年度との評価平均点との比較に関しては,具体的評価項目の増減や内容の修正,配点の見直し,対象企業の増減といった点数を考慮する必要がある。したがって,一概に数値の増減だけでディスクロージャー水準について昨年度と厳密に比較することは難しいものの,各業種別専門部会における評価結果の取りまとめ審議や,評価を行ったアナリストの意見などを総合的に考慮すると,企業のディスクロージャーは概して向上傾向にあると評価することができる」。

---

[2] 証券アナリストによるディスクロージャー表彰制度が果たした役割に触れたもので山田(2006)がある。

第2部
インベスター・リレーションズの応用
－企業情報開示の現代的課題を巡る考察－

表5-1　国内における日本企業のIR活動表彰制度一覧（1990年代に開始）

評価機関	公益社団法人 日本証券アナリスト協会	株式会社 東京証券取引所	一般社団法人 日本IR協議会	株式会社 日本経済新聞社 クロスメディア営業局
表彰名	「証券アナリストによるディスクロージャー優良企業選定」	「上場会社表彰」	「IR優良企業賞」	「日経アニュアルリポートアウォード」
表彰方針	企業情報開示の向上を目的とし，証券アナリストが企業のディスクロージャーの質，量，タイミングなどの優劣を判断するため，客観的な評価基準に基づき選定	上場会社のディスクロージャーの充実促進の観点から，適時・適切に，投資者にわかりやすい形で開示するなどディスクロージャーに積極的に取り組んでいると認められる企業	日本企業のIR意欲を一層喚起し，産業界におけるIRを普及させることを目的に，IRの趣旨を深く理解し，積極的に取り組む優れたIR活動を実施している企業を「会員企業」のなかから選定	日本企業が発行するアニュアルリポートのなかでとくに優れたものを表彰
開催開始年	1995年	1996年	1996年	1998年
年間表彰回数	毎年1回	毎年1回	毎年1回	毎年1回
表彰時期 2012年実績	10月頃	2～3月頃	11月頃	2月頃
審査対象	原則，東証一部で時価総額基準，新興市場6市場，アナリストカバーあり	東証上場内国内会社	日本IR協議会会員の上場企業で，「調査票」を返信した企業	公告特集参加企業のアニュアルリポート（参加料金必要）
審査期間	4月～9月	毎年4月1日～翌年3月31日の間	2月～10月頃	11月～1月頃
審査委員会	計約70名（3～5名/部門）アナリスト	「上場会社表彰選定委員会」7名，学識経験者，公認会計士，アナリスト，機関投資家など各方面の専門家	計18名（委員長1名，委員17名）シンクタンク，弁護士，大学教授，アナリスト，ファンドマネージャー，運用会社社長，団体理事	約100名，アナリスト，ファンドマネージャーなど
各賞受賞企業数	各年度平均30.8社（最大表彰企業数96社，最少表彰企業数9社）	各年度平均8.2社（最大表彰企業数13社，最少表彰企業数5社）	各年度平均7.8社（最大表彰企業数14社，最少表彰企業数4社）	最優秀賞1社，優秀賞2社，特別審査賞3社，入賞7社（2013年度実績）

第5章
IR活動における外部評価の課題（1）－外部評価の現状

| 企業情報の開示手段 | 紙ベース・直接的コミュニケーション・企業HP アニュアルレポート | アニュアルレポート，ただし，2014年度からは「本審査部門（アニュアルリポート対象）」と「統合審査部門（CSR報告書，環境報告書などを統合した冊子）」にわかれる。 |

出所：日本証券アナリスト協会：https://www.saa.or.jp/disclosure/selection.html，
東京証券取引所：http://www.tse.or.jp/rules/award/disclo_past.html，
日本IR協議会：https://www.jira.or.jp/jira/jsp/usr/activities/2_5.html，
日本経済新聞社クロスメディア営業局：http://adnet.nikkei.co.jp/a/ara/，
2012年度および2013年度実績を中心に各団体HPの内容を参考にして著者作成。
評価機関の欄には，略称ではなく正式名称を記載した。

　一方，その他の表彰制度に目をむけ，審査対象企業数および各賞受賞企業数という点から4つの表彰制度を比較してみる。東京証券取引所が行う「上場会社表彰」は，対象範囲が東証上場内国法人と最も広いが，各年表彰企業数は8社前後と限定的である。JIRAが行う「IR優良企業賞」は，その審査対象自体が当協議会会員の上場企業で，「調査票」を返信した企業と限定されており，かつ各年表彰企業数は東証同様8社前後に留まる。また，アニュアルレポートを専門に表彰する「日経アニュアルリポートアウォード」に関しては，日本経済新聞への広告出稿企業で参加料金が必要であるため，さらにその評価企業数は限定的である（詳細は表5-1）。

　とはいえ，各団体，各様の表彰方針を定め，毎年その結果を発表することで，わが国上場企業におけるIR活動の普及・促進および質の向上に貢献してきたといえる[3]。

2. 2000年以降に評価を開始した2機関

　2000年に入ると，インターネットを使ったIR活動が一斉に普及した。東京証券取引所が毎年発表する「株式分布状況調査結果」によれば，インター

---

[3] 日本IR協議会（2009）の調査によれば，回答企業1,119社にIR活動の効果測定指標をたずねたところ，「アナリスト・投資家との面談回数（42.8%）」を筆頭に，「個人株主数（26.9%）」，「適正株価（19.7%）」など並び，「第三者機関による評価結果（IR優良企業表彰など）」を挙げる企業が17.1%であった。

第2部
インベスター・リレーションズの応用
―企業情報開示の現代的課題を巡る考察―

　ネット取引に係る有残高口座数は増加の一途をたどり，2006年には1,000万口座を突破し，近年においても引き続き増加傾向にある（全国証券取引所2012）。このインターネット取引の増加に着目した大手証券会社のグループ会社である大和インベスター・リレーションズ（以下，「大和IR」という）および日興アイ・アール（以下，「日興IR」という）は，企業がウェブサイトを使って行うIR活動（以下，「インターネットIR」という）の評価を開始した。

　国内で最初にインターネットIRの評価を開始したのが，大和IRである。インターネットIR表彰制度が，2000年以前に開始した表彰制度と大きく異なる点は，その審査対象企業社数である。上述したとおり，2000年以前の表彰制度が，会員登録，広告出稿量，アナリスト・カバレッジなど何らかの条件が必要となっているのに対し，インターネットIR表彰では，全上場企業を審査の対象としている。また，大和IRの表彰制度の特徴をみると，①客観性の高い評価を行うため，会員からのアンケート結果，あるいは少人数の審査員による主観的な評価に陥らぬよう客観的スコアリングに基づいた評価を行う。②IR活動全般を評価するため，「企業IRはインターネットIRに包摂される」という考えに基づき，IRサイトを通じて全上場企業のIR活動全般を評価対象とする旨，が表記されている（大和IR 2012, 4）。

　大和IRの審査は「5T&C」と呼ばれる審査基準に基づき実施されている。それは，「Timely（適時性）」，「Transparent（透明性）」，「Traceable（追跡可能性）」，「Trustworthy（信頼性）」，「Total（包括性）」，「Communication（双方向性）」である。審査過程は3段階に別れており，第一次審査では全上場企業対象に，各社ホームページ（以下，「HP」という）上に，5項目（①適時開示情報の開示状況の有無，②直近期の決算短信の有無，③お問い合わせ先の表示の有無，④任意刊行物の有無，⑤プレゼンテーション資料の有無）が掲載されているか否かをチェックし，5項目すべてを満たしている企業に絞り込む。この時点でおおよそ1000社程度となる。

　そして，第二次審査として，「審査委員会」が策定する「審査基準」に基づき指数化（定量評価：100点満点）して，上位100社を「優良企業」として抽

第5章
IR活動における外部評価の課題（1）－外部評価の現状

出する。最終審査では，専門委員の評価を中心に，「審査委員会」が総合的に判断して，「ベスト企業賞」など各賞を決定している（大和IR 2012, 5）。二次審査で用いられる「審査基準」は，5T&Cに基づき，IR情報として掲載が必要と思われる項目が複数選ばれる。各年の市場動向などを考慮し，毎年この項目は見直されるため，評価がスタートした2000年は27項目だった評価項目数が，直近の手許データ（2011年）によれば，その数109項目まで増加している。

図5-1には，2000年から2011年の間に，大和IRの表彰制度の二次審査に進んだ評価対象企業社数（左軸）と，それらの企業の評価点平均（右軸），および年度別評価項目数の推移をまとめた。

この3段階に別れた審査制度は，2007年以降用いられているため，インターネットIR評価の審査対象企業を時系列でみていくと，2007年にいったん，二次審査の対象企業数が激減しているようにみえるが，その後，再び増加している。また，年々，評価項目は増加し，その評価内容は厳しくなっているにもかかわらず，二次審査に進んだ企業の評価点平均は年々上がっている。

図5-1　大和IRが実施するインターネットIR評価の推移

出所：大和IR「インターネットIR・ベスト企業賞」2000～2011年データを参考に筆者作成。

表5-2 国内における日本企業のインターネットIR表彰制度一覧（2000年以降開始）

評価機関	大和インベスター・リレーションズ株式会社	日興アイ・アール株式会社
表彰名	「インターネットIR・ベスト企業賞※」	「全上場企業ホームページ充実度ランキング調査」
表彰方針	IRサイトの活用状況を通じて評価する表彰制度を国内ではじめて確立。企業IRはインターネットIRに包摂されているとの視点から，全上場企業のHPを審査する。	上場企業HPにおける情報開示の充実度調査と，企業の情報開示に対する意識醸成の促進を目的とし，企業HPについて，株主，投資家，消費者，取引企業，就職希望者など，企業のステークホルダーが情報を取得し，状況を把握するための要素をどの程度備えているか調査する。
開催開始年	2000年	2003年
年間表彰回数	毎年1回	毎年1回
表彰時期（2012年実績）	1月頃	11月頃
審査対象	全上場企業	全上場企業
審査期間	9月～11月	8月～10月
審査委員会	大学教授など外部専門家監修のもと大和IRが実施	日興IRが実施
各賞受賞企業数（2012年実績）	各年度平均70社程度（2010年度実績：インターネットIRベスト企業賞グランプリ2社，インターネットIRベスト企業賞10社，インターネットIR優良企業賞66社）	総合ランキング（最優秀サイト，優秀サイト，優良サイト），業種別ランキング（最優秀サイト，優秀サイト），新興市場ランキング（最優秀サイト20社，優秀サイト30社，優良サイト50社）
企業情報の開示手段	企業HP	

出所：大和IR：https://www.daiwair.co.jp/info_archive/topics/other/2012.html，日興IR：http://www.nikkoir.co.jp/rank/about_2012.html，2012年度実績を中心に各団体HPおよび大和IR「インターネットIRベスト企業選定について」（配布資料）を参考に筆者作成。評価機関の欄には，略称ではなく正式名称を記載した。
※2000年から2011年までは「インターネットIR・ベスト企業賞」として毎年公表されていたが，2012年以降「インターネットIR表彰」に名称変更されている。

　これは，わが国企業のインターネットIRの情報が加速度的に充実していることを表す証左といえよう。

　一方，インターネットIRの評価を2003年からはじめた日興IRは，「全上場企業ホームページ充実度ランキング調査」として，自社HP上に毎年その調査結果を公表している。大和IRおよび日興IRが行う表彰制度の概要をまとめたものが表5-2である。

3. 欧米のIR評価機関

　上述したとおり，わが国では複数の外部評価機関が存在し，さまざまな角度から日本企業のIR活動を評価している。一方，世界に目をむけると，英国では，「FTボーエン／グレッグス・インデックス」が2007年にはじまって以来，毎年，企業ウェブ・サイトのグローバルランキングを発表している（FT Bowen Craggs & Co Limited 2011）。当ランキングでは，毎年6月英有力紙フィナンシャル・タイムズが発表する「グローバル500」のなかから，米国，欧州，その他（ロシアを含む）と3つの地域ごとに時価総額でみた25の大手企業合計75社を抽出し，それらの企業のウェブサイトを詳細に分析している。このランキングの目的は，「これがベスト・ウェブサイトである」と指摘することではなく，多くのベストプラクティスを用意している世界各地の企業サイトを検証することにあるとしている。2012年の実績として日本からエントリーした企業は，トヨタ自動車，NTTドコモ，三菱UFJであった。

　米国においては，米国アナリスト協会の前身であるCIMが1964年よりIR活動の評価を開始したが，これは1994年に一旦，終了した（北川 2000, 14; 2010a, 20）。その後，1996年からIR Magazine社が「Investor Perception Study」を開始し，米国企業のみならず自国に上場するアジア・パシフィックの企業およびヨーロッパ企業も対象に含めIRの評価を行っている（IR Magazine Awards 2008）。

　これらの英国・米国の表彰制度に対して，日本は数では勝るものの，海外企業と日本企業のIR活動を比較している機関は1つもない。上場企業各社は，グローバル経済の名の下，世界的規模でIR活動を行うことが求められている。この現状を考慮するならば，わが国のIR評価機関も，よりグローバルな視点が求められると筆者は考える。わが国評価機関はその評価対象を日本企業に限定するのではなく，海外企業との比較も含めたうえで，俯瞰的にわが国企業の優れた点あるいは改善点を示すことにより，発行体企業に対してより有益なフィードバックを行うことが可能となるであろう。

第2部
インベスター・リレーションズの応用
－企業情報開示の現代的課題を巡る考察－

第3節　IR評価を用いた先行研究サーベイ

1. 証券アナリストによるIR評価を用いた研究

　本節では，わが国で実施されているIR表彰制度の結果を用いてこれまで行われた先行研究のサーベイを行う。複数存在する外部評価のなかでも，SAAJが行う「証券アナリストによるディスクロージャー優良企業選定」は，これまで最も多くの研究に用いられてきた。

　当表彰制度では，その対象を，原則，東証一部上場時価総額基準で選定し，一定以上のアナリスト・カバーがあることを条件としているため，対象企業が，わが国上場企業（平成24年3月末時点で約3,700社）のごく一部（平成24年度で約280程度）に限定されてしまうという嫌いがある。しかし，そこで選ばれた企業は日本を代表する大手優良企業であり，日本企業のディスクロージャーの傾向を探るうえでは絶好の研究対象をいえるのであろう。また，日常的に対象企業をカバーするアナリストが審査することから，その評価結果に対する信頼性は高く，そのデータが毎年公表されことによる情報の継続性，および，情報入手の容易性なども，当表彰制度の結果がさまざまな調査研究の引き合いに出されるゆえんである。当データを用いて行われた先行研究には次のものがある（表5-3）。

　音川（2000），須田他（2004a; 2004b）では，積極的な情報開示が自己資本コストの削減や負債コストの低下につながるなど，任意の情報開示活動であるIRの有効性を示している。その後，記虎（2006a）は，非財務的な観点から企業の情報開示の効果を捉えるため，ディスクロージャー水準とコーポレート・レピュテーションの関連性を調査している。さらに，記虎（2007），林（2010），奈良・野間（2011）では，ディスクロージャー優良企業の決定要因やそれらの企業の経営活動における特徴を明らかにしようと試みた。

第5章
IR活動における外部評価の課題（1）－外部評価の現状

表5-3　証券アナリストによるディスクロージャー優良企業選定の結果を用いた先行研究

論文	サンプル	特徴	発見事項
音川（2000）	1998年度（102社）1999年度（108社）	情報開示に積極的なディスクロージャー・ランキングの高い企業ほど株主持分の資本コストが低いか検証する。	ディスクロージャー・ランキングが高い企業ほど，株価・簿価・予想利益の関係式のなかで暗黙裡に成立している資本コスト推定値が小さくなる傾向がある。
須田・首藤・太田（2004a）	1995年度〜2000年度（延べ557社）	ディスクロージャーが株主資本コストに及ぼす影響を調査する。	ディスクロージャーに積極的な企業が株主資本コストの低下というベネフィットを享受しており，ディスクロージャーに消極的な企業が相対的に大きな株主資本コストを負担していることが示された。
須田・首藤・太田（2004b）	1995年度〜1999年度（延べ444社）	ディスクロージャーが負債コストに及ぼす影響を調査する。	ディスクロージャーに積極的な企業が負債コストの低下というベネフィットを享受しており，ディスクロージャーに消極的な企業が相対的に大きな負債コストを負担していることが示された。
記虎（2006a）	1998年度〜2004年度（延べ254社）	情報開示の質が高い企業ほど，コーポレート・レピュテーションが高いことを検証する。	財務情報開示全般の質が高い企業は，コーポレート・レピュテーションが高く評価されていることを証明した。
記虎（2007）	1998年度〜2004年度（延べ768社）	日本企業がどのような戦略的動機に基づいて財務情報開示の充実に取り組んでいるのか解明する。	財務情報開示水準は，企業規模，レバレッジ，上位10大株主持株比率，収益性，金融機関持株比率，株主総会の非集中日開催の各要因と関連していることが示された。
林（2010）	2007年度（182社）	社外取締役比率および社外取締役の有無とディスクロージャー水準の関係について分析する。	社外取締役比率および社外取締役の有無とディスクロージャー水準との間にはそれぞれ有意な正の関係があることを示し，社外取締役が充実している企業ほどディスクロージャー水準が高いことを証明した。
奈良・野間（2011）	1999年度〜2008年度（延べ1,215社）	ディスクロージャー優良企業の経営者予想について，期初の予測誤差と期中の業績修正行動の特徴を解き明かす。	ディスクロージャー優良企業は，期初に保守的な経営者予想を開示し，期中に予想を上方修正し，その修正幅が相対的に小さいことが明らかになった。

出所：筆者作成。

2.　その他のIR評価を用いた研究

　表5-1で示したとおり，2000年以前にはじまったIR表彰制度では，アナリスト協会が実施する表彰制度以外のものでは，毎年の受賞企業数が10社前後と

少ない。分析技法にもよるが，定量的研究を行う場合，その観察数が少なくとも30以上必要といわれるためか（田村 2006, 33），これらの3つの表彰制度の結果を用いて行った実証研究を筆者はほとんど目にしたことがない[4]。

一方，2000年以降はじまったインターネットIR表彰制度では，その審査対象が全上場企業に一気に広がり，表彰される企業も70社以上と増加した。また，昨今における，インターネットの普及，それに伴う個人投資家の増加により，企業のホームページ情報の重要性に着目した研究も行われつつあるが（記虎 2006b; 林 2013），国内におけるその蓄積は未だ少ない（表5-4）。

しかし，前章でも示したとおり，IIRCが示した既存報告と統合報告レポートの違いのなかで，その科学技術の利用として，従来の紙ベースから統合報告ではウェブやXBRLの技術活用が指摘されているように，今後，研究面でもインターネット情報に注目したものが増加すると思われる。

研究で活用される外部評価に幾らかの偏りはあるものの，企業のIR活動を客観的かつ網羅的に検証したこれらの評価結果が，実務面でIR活動の普及・促進および向上に役立つのみならず，研究面でも有効に活用されていることは明らかである（表5-3, 表5-4）。

表5-4. その他のIR評価を用いた先行研究

論文	サンプル	特徴	発見事項
記虎（2006b）	大和IRデータ使用 2003年〜2005年（延べ92社〜492社）	株主優待の実施がインターネットIRサイトの質に影響を与えるか否か調査すると同時に，インターネットIRサイトの質の規定要因を検証する。	株主優待を実施する企業の法がインターネットIRサイトの質が高いことを証明した。また，インターネットサイトの充実は，IR活動のなかでもとくに個人投資家を意識した企業の戦略的な取組みとして位置付けることが可能と結論付けた。
林（2013）	日興IRデータ使用 2010年度（831社）	ウェブサイトIR評価と女性管理職比率の関連性を検証する。	ウェブサイト評価と女性管理職比率との間には有意な正の関係があることが示された。

出所：筆者作成。

---

[4] ただし，谷口（2008）は，「IR優良企業賞」の結果を用いてIR優良度と審査項目細目との相関を分析している。また，内野（2004）は，日本IR協議会の会員か否かも考慮して企業の自発的な情報開示レベルを測定し，それらの自発的な情報開示レベルと自己資本コストの関連性を調査している。

第4節　IR優良企業の事例分析[5]

1. はじめに

　本節では，IR優良企業が外部評価の視点を考慮しながらIR活動を実践していることを明らかにするため事例分析を行う。

　企業がIR活動を積極的に行うのは，決して外部評価の結果を良くするためではない。そして，企業IRの主たる評価者である投資家やアナリストの要望にすべて応えて，やみくもに企業情報を提供することが優れたIR活動とは決していえない。むしろ，企業は自社のディスクロージャー・ポリシーを明確にしたうえで，企業の将来価値算定につながらないと思われる無駄な情報の開示は避ける，あるいは，外部から要求されても断固として拒否することも時には必要である。

　しかし，IR活動が，企業と投資家・アナリストとの双方向コミュニケーションにより成り立つことから，企業は，自社情報の受容者たちが何を欲しているのか理解したうえで，彼らと対話することにより，両者の円滑なコミュニケーションを図ることが可能となる。その際，彼らの情報ニーズを知る有効な手掛かりとなるのが外部評価であると筆者は考える。そこで，本節では，以下のように事例研究を進める。

2. 事例研究の方法

　本節では，事例研究の対象としてアステラス製薬を取り上げる。同社を選んだ理由は，各種団体が行うIR評価のなかで，医薬品セクターは常に高評価を得ている業種であり，IR先進業界ともいわれており（日本IR協議会2000），その医薬品セクターにおいて，アステラス製薬は常に高い評価を得

---

[5] 本節は，日本IR学会第10回年次大会（2012年3月10日開催）で口頭発表した姜（2012b）「わが国企業の開示情報の類型化－インターネットIRによる評価をもちいた一考察－」の内容をもとに作成したものである。

ているからである[6]。IR優良企業と評される同社のIR活動を詳細に観察し，同社のIR活動に対する姿勢と，同社を評価するアナリストたちの見解とをクロス・チェックする。

そこで，アステラス製薬のIR活動の詳細を調査するため，本社に赴き広報部IRチームリーダーに対しインタビューを実施した[7]。その後，メールと電話による質問を行い，同社のIR活動の詳細把握に務めた。一方，同社をカバーするアナリスト3名（2名は同社を約20年担当，1名は2005年のアステラス製薬合併以降継続して担当）に対しては，質問用紙をメールで送付し回答していただくと同時に電話によるインタビューを行った[8]。それらの結果をまとめたものが表5-6である。

3. 企業概要とIR活動の歴史

アステラス製薬株式会社は，創業1894年の藤沢薬品と創業1923年の山之内製薬が，2005年4月1日両社の合併により発足した。2011年実績で，連結ベースの従業員数は16,279人，年間売上高は608,308百万円，資本金103,000百万円である。医療用医薬品を中心とする研究開発型製薬企業である[9]。北米，欧州，アジアでも事業展開を進めており，2011年度実績で海外売上高比率は44.3％である。一方，国内における医薬品売上は大手10社のなかで2位（2012年度実績），世界の医薬品売上では大手20社のなかで18位である。前章の分析対象としたノボ・ノルディスクと医薬品売上高では酷似している。所有別持株比率は，2011年実績で，外国法人などの株式持株比率が42.4％である。

先述したとおり，医薬品セクターは常に外部のIR評価機関から高い評価

---

6) 日本証券アナリスト協会の「ディスクロージャー優良企業選定」医薬品部門において，アステラス製薬は継続して高い評価を得ている。2010年実績で医薬品セクター14社中1位。また，大和IRによるインターネットIR表彰の結果をみても，2001年時点から近年2010年にいたるまで高評価を維持している。2010年実績で医薬品業界27社中1位。

7) 2012年2月24日,PM3:30-4:30,アステラス製薬（東京日本橋本社）にてインタビューを実施。インタビュー結果をまとめ，当社広報部IRチームリーダーと筆者の間で，認識の齟齬がないか約1週間にわたり精査する。さらに，筆者から追加質問を行いメールおよび電話で回答をいただいた。

8) 質問用紙の送付および電話によるインタビューは2012年3月6日〜7日に実施した。

9) アステラス製薬HP〈http://www.astellas.com/jp/ir/shareholders/position.html〉。

第 5 章
IR活動における外部評価の課題（1）－外部評価の現状

を得ている業種であり，IR先進業界ともいわれている。しかし，IR面からみると医薬品企業独特の業界特性がある（飯田 2003）。それは主に3つである。1つは，国内だけでなくグローバルなレベルの競争力（とくに，研究開発と営業力）で比較評価される点。2つめが，研究活動費，とくに開発候補品（＝「パイプライン」）に関する投資家の関心が高く，詳しい開示説明が求められる点。3つめが，製品上市まで10～15年の期間と多額の投資を擁することから，短期的な業績のみならず，中長期的な経営方針・戦略に関する説明が求められる点である。言い換えれば，昨今のIR活動において必要とされる，グローバル感覚，研究・開発などを含む非財務情報の説明，ロング・タームの視点が早い段階から医薬品業界には求められていたといえる。

アステラス製薬の前身である藤沢薬品工業は，医薬品業界でも先駆的にIR活動を開始した。1980年，財務広報を中心としたIR活動がスタート。80年代は，買収戦略も積極的に展開し，海外拠点の拡充に注力していた時代であった。

飯田（2003）によれば，同社では，早い段階からIR活動に当たっての留意点なるものを社内で共有していた。その内容は次のとおりである。①可能なかぎり，トップマネジメントがリーダーとなって対応し，情報開示に対する一貫した企業姿勢（透明性，積極性，適時性）を維持する。②経営ビジョン，中長期経営方針，戦略，業績展望の明示に努める。③IR関連部門の相互支援，連携体制を確保し，外部からのアクセスが容易となるように，東西の広報部が常に窓口となって対応する。④新薬メーカーとして，重要な開発候補品のパイプライン情報を充実し，学会発表や論文などに基づく最新情報を提供できるようにする。また，多様なIR対象先に対して，情報開示の公平性に努める。⑤IRイベントを継続的に実施し，内容の拡充に努める（決算説明会，R&Dミーティング，研究所，工場見学会，海外説明など）。⑥IR活動の状況およびアナリスト，機関投資家から得た情報・コメントなどをデータベース化して，トップや関係部門に迅速にフィードバックする。これらの留意点が，今なおアステラス製薬のDNAとして受け継がれているのかについても，IR担当者に対するインタビューを実施するなかで確認した。

第2部
インベスター・リレーションズの応用
－企業情報開示の現代的課題を巡る考察－

4. 企業とアナリストのクロス・チェック

今回，アステラス製薬およびアナリストにインタビューした結果は表5-6の「アステラス製薬のIR対応とアナリスト評価のクロス・チェック」に示した。ここでは，情報発信者である企業と情報受容者であるアナリストの意見を照合し，両者の意見を相互に記載している。

表5-5では，大きく8つの評価項目に区分して両者の意見を表示している。この区分は，アナリストが行う「ディスクロージャー優良企業選定」において使用されている5項目（①経営陣のIR姿勢，IR部門の機能，IRの基本スタンス，②説明会，インタビュー，説明資料などにおける開示，③フェアー・ディスクロージャー，④コーポレート・ガバナンスに関連する情報の開示，⑤各業種の状況に即した自主的な情報開示）を参考にしている。以下でその内容を具体的にみていく。

はじめに，経営陣のIR姿勢についてたずねた。社長直轄のIR委員会を設置している同社は，会社としてIRに積極的に取り組んでいると推測できる。アナリストのコメントからもIR部門に情報が集まる体制が組織のなかで確立されていることがわかる。IR部門の機能としては，男女比率3：4の合計7名から構成されている。この数字は，英国FTSE30のトップ企業の専任者平均7.9人と肉薄する数字である（補論参照）。

次に，IRの基本スタンスに関する項目である。明確なディスクロージャー・ポリシーを設定し，発言の一貫性と情報の継続性を重視しているかについてたずねたところ，アナリストたちは，アステラス製薬の基本スタンスを高く評価していた。外国法人などの持株比率が40％超と比較的高い同社は，ガバナンス強化のためにも投資家の声を真摯に前向きに捉えていることがわかる。

さらに，説明会・インタビューにおける経営者の参加状況について企業に質問したところ，機関投資家を相手にしたOne on Oneミーティングのみならず，個人投資家向けIRイベントも頻繁に開催することで，経営者自らが積極的に投資家と対話していることが明らかになった（表5-5）。

第 5 章
IR活動における外部評価の課題（1）－外部評価の現状

表5-5　IRイベントの年間実施回数

主なIRイベント	年間実施回数（2011年実績）	内，経営者参加回数
四半期決算説明会	2回（8月，2月）電話会議	2回
中間・期末決算説明会	2回（5月，11月）	2回
投資家訪問（カンファレンス・コール含む）	約330件	約120件
R＆Dミーティング	1回（5月）	1回
個人投資家向けイベント	21回　個人投資家説明会	4～5回

出所：インタビューの追加質問に対する回答から筆者作成。

　そして，情報の継続性，投資家が求める情報を十分に開示しているかについてアナリストにたずねたところ，アステラス製薬がアナリストたちの知りたい情報を適時適切に開示している点を高く評価していた。

　フェア・ディスクロージャーへの取組み姿勢についても質問した。当社の直近3年間における株主総会の開催日を調査したところ，2009年6月23日（総会集中度8.7％※），2010年6月23日（総会集中度7.0％※），2011年6月20日（総会集中度0.6％※）であった[10]。この結果からも，株主総会の集中開催日を避けていることは明白である。より多くの投資家・株主に足を運んでもらいたいという会社の姿勢がここからも読み取れる。また，フェア・ディスクロージャーについては，IR活動に携わる者にとってその遵守・徹底が強く求められるところだが，この点についてもアナリストからは，「セルサイド主催のカンファレンスなど，非オープンな会合でも他でディスクローズしていないことは一切語らないなど，フェア・ディスクロージャーでは随一」とのコメントが得られた。また，フェア・ディスクロージャーの一環であるHPの情報提供に関しても，大和IRの評価結果同様，アナリストたちからの評価も高い。

　次に，ガバナンス関連の項目として，資本政策・株主還元策の開示・目標とする経営指標などにおいて，「明確な目標設定・明確な配当方針を公表し

10）括弧内の※数値は，東京証券取引所がまとめた「定時株主総会開催日集計結果」を参照したものである。

第2部
インベスター・リレーションズの応用
―企業情報開示の現代的課題を巡る考察―

ているか」についてたずねた。アナリストたちの意見は「戦略が明確で一貫性がある」という点で共通していた。企業HPを確認すると，同社が目指すビジネスモデル（グローバル・カテゴリー・リーダー）が明確に示されており，目標とするビジネスモデルを中心に据えて非常に具体的かつ実行可能性の高い戦略が積み上げられている[11]。

最後に，自主的情報開示その他の取組みについてたずねたところ，アナリストたちは同社のマテリアルが非常に充実していると声を揃えて評価した。同社のHPに入ると，コンテンツごとのリンクがストーリー仕立てで綺麗に貼られているため，同社の目指す方向性・中期経営計画とその実績までの流れが，スムーズに読みこなせる。また，アナリストたちが指摘するとおり，医薬の専門家以外が読んでも容易に理解ができる解説が随所に散りばめられており，個人投資家も含む広くステークホルダーに対して自社の理解を促そうとしている企業努力がうかがえた。

加えて，紙媒体およびオンラインで発行されている統合報告書の内容も確認した。同社は，事業活動について，そのベースとなるCSR経営とあわせて理解を深めてもらおうと，2012年3月期版から統合版アニュアルレポートを発行している。アステラス製薬は，2011年10月に国連グローバルコンパクトへの支持も表明し，ノボ・ノルディスク同様，統合版アニュアルレポートは，GRIガイドラインに準拠して作成している。

これら自主的情報開示の取組みについて企業にたずねたところ次の回答が返ってきた。「グローバルでヘルスケア株をみている投資家にとっては，グローバル・ファームを含めたなかでの評価になる。従って，我々としてもIRの対応，開示資料の内容などについては世界企業の動きを視野に入れていく必要があると感じている。欧米企業から学ぶべきことは学び，少しでもIRの質を高めていきたい」。

継続的な改善を促進しようとする同社の考えは，まさに統合報告の考え方に通じるものである。1980年から，業界内でも先駆的な立場でIRを開始した企業のDNAは，今も脈々と受け継がれているといえるのではないだろうか。

11)「VISION2015」<http://www.astellas.com/jp/ir/>（2006年12月6日）。

5. 検証結果のまとめ

　ここまで，アステラス製薬を対象に，インタビューおよびアンケート調査などを用いて同社が実践するIR活動の詳細を分析してきた。

　両者の見解をクロス・チェックすることにより，企業がアナリストたちの要求，すなわち，外部評価の視点を十分に理解したうえで，IR活動を実践していることを明らかにした。また，同社のIR組織体制，IRイベントの年間実施回数，フェア・ディスクロージャーへの配慮などからも推測されるとおり，同社が，幅広い投資家に対し，対話の機会を積極的に設けようとしていることがわかった。

　一連の分析により，アステラス製薬が，積極的な対話を通じて，アナリストや投資家の情報ニーズを把握し，彼らの意見，すなわち，外部評価の視点を自社の開示情報に織り込むことにより，アナリストたちが評価するより質の高い情報開示が可能となり，結果として，同社はIR優良企業として継続して高い評価を得ていることが判明した[12]。

　外部評価に着目しながら事例分析という定性的方法でIR優良企業の実態を明らかにすることを試みた本研究は，わが国におけるIR研究に新たな視点を追加することができたと考える。ただし，今回の分析は，単一事例によるものであるため，今後の課題としては，より多くの事例を用いた分析を行う必要があると考える。

---

[12] 同社は，JIRAなどからも高い評価を受けている<https://www.jira.or.jp/jira/jsp/usr/activities/2_5.html>。

表5-6 アステラス製薬のIR対応とアナリスト評価のクロス・チェック

IRの実践に関するチェック項目	アステラス製薬の対応	アナリストたちの評価
①経営陣のIR姿勢	①-1：IR委員会設置 ①-2：社員のなかにおけるIRの意識はかなり高い。研究・開発部門をはじめ，情報開示に関わりそうな事項についてはまずIRに相談・報告というケースが多い。	①-1：外部からみても，会社がIRを非常に重視している姿勢が良くわかる。 ①-2：IR部門に各部署のあらゆる情報が集約されている。 ①-3：質問に対するレスポンスが早い。
②IR部門の機能	②7名 （男女比率　3：4）	
③IRの基本スタンス	③最も心掛けていることはTimelyとFairnessな情報開示。 機関投資家対応を強化することは，わが社のガバナンス強化にもつながる。彼らとのディスカッションは重要であり，意見にも率直に耳を傾ける。	③-1：IRチームが，アナリスト・投資家の意見を経営陣にきちんとフィードバックしている。それを受けて，企業は速やかにその改善策を検討し実行に移す姿勢がみられる。 ③-2：公正なディスクロージャー。真摯に会社のことを理解してもらおうとしているので，発言内容に一貫性がある。
④説明会・インタビューにおける情報開示	④海外IRは基本的に社長自らが英語で話をする。 個人投資家に対しては，そのベースとして企業を認知してもらう観点から，企業のブランディング強化は重要と考える。	④-1：経営者自らがネガティブな情報も開示し，今後の対応策，その実施の進捗状況をきちんと説明する。 IRの現場にトップが自ら出て説明。R&D Mtg,Global戦略Mtgなど，すべての説明がわかり易く，専門用語も平易な言葉で説明。質問に対する回答が明快で的確。
⑤情報の継続性・投資家が求める情報の十分な開示	⑤N／A	⑤-1：R&D Mtg,Global戦略Mtgなど，適時適切に開催し，投資家が求める情報をタイムリーに提供している。2005年の合併時においても，旧山之内・旧藤沢のセグメント情報をうまく結合し，情報の連続性を維持したまま開示した。 ⑤-2：R&D，営業戦略に関する質問に対して即答。IR担当同様，マネジメントが営業・R&D・ライセンスなど，現場の状況をきちんと理解している。 ⑤-3：説明資料は，連続性を重視したり，分析する側の立場を考えた資料作りをしている。

第5章
IR活動における外部評価の課題（1）－外部評価の現状

⑥FDへの取組み	⑥IRサイト作成上の留意点としては，ニュースリリースや決算情報のWeb開示についてはタイムリーなUpDateを心掛けている。電子版のAR（英語・日本語）や個人投資家サイトの充実などが課題。	⑥-1：セルサイド主催のカンファレンスなど，非オープンな会合でも他でディスクローズしてはいないことを一切語らないなどフェア・ディスクロージャーでは随一。
⑦資本政策・株主還元策の開示，目標とする経営指標など	⑦N/A	⑦-1：医薬品業界の大きな流れに対しては，ややトレンドフォロワーという一面もあるが，国内では手広くやり，国外ではスペシャリティに特化するという自社戦略が明確。 ⑦-2：ビジネスモデル，戦略が明確。 ⑦-3：グローバル・ファームと比較して，戦略の一貫性では勝る。日本企業のなかでは相対的に財務戦略を明確に語っており，PMが迅速である欧米投資家にとって理解しやすいと推測するが，グローバル・ファームと比較すると，財務戦略の面では劣る。ただし，国内製薬メーカーのなかでは成長戦略と財務戦略に一貫性がありバランスが最も良い。
⑧自主的情報開示その他	⑧グローバルでヘルスケア株をみている投資家にとっては，ノバルティスやファイザなどのグローバル・ファームを含めたなかでの評価になる。したがって，我々としてもIRの対応，開示資料の内容などについてはグローバル・ファームの動きを視野に入れていく必要があると感じている。欧米企業から学ぶべきことは学び，少しでもIRの質を高めていきたい。	⑧マテリアルが非常に充実している。製品状況・セグメント情報など開示情報すべてに連続性がとれており，分析者の立場にたった情報提供がされている。

出所：企業とアナリストへのインタビュー結果をもとに筆者作成。

第2部
インベスター・リレーションズの応用
―企業情報開示の現代的課題を巡る考察―

第5節　おわりに

　わが国には非常に充実したIR評価制度が複数存在する。各評価制度はどれもユニークなものであり，各団体が行う評価方法は非常に多面的である。外部評価の実施により，過去20年の間，わが国ではIR活動が広く浸透し，これら評価結果のフィードバックを受けることで，上場企業各社は，その質の向上を図ってきた[13]。

　本章の事例分析では，IR優良企業が外部評価の視点を考慮しながらIR活動を実践していることを明らかにした。外部評価の視点を織り込んでIRを実践することは，企業と投資家の理解と対話を促進し，企業が発信するIR情報の質を向上させ，結果として，IRの外部評価を高めるといえる。

　さらに，本章では，研究面においても，これらの外部評価が貢献していることを明示した。しかしその研究内容には偏りがあることも指摘した。IR活動を取り巻く情報環境が変化する昨今，特定の評価結果に限定せず，また，統計的手法を用いた定量的研究に限定せず，わが国研究者たちは，より多角的なIR研究を行う必要がある。その点において，外部評価に着目しながら事例分析による定性的研究を試みた本研究は新たなIR研究の蓄積に貢献できたと考える。

　そして，最後に，現存する評価機関に対して，これらの外部評価の有用性を高めるための提案として，日本企業のみを評価するのではなく，海外企業と比較したうえでIR評価を実践する必要がある点を指摘しておく。米国や英国の例で示したとおり，海外の評価機関は，大陸レベルで世界各国のIR活動評価を行っている。それに対し，日本の評価機関は複数存在するにもかかわらず，海外企業のIR評価を一切行っていない[14]。わが国上場企業は，グローバル経済の名の下，世界の企業と伍して経営活動を行い，IR活動を実

---

[13] IRの普及状況は図1-2。IRの質の向上は山田（2006），柴他（2008, 松島発言）など。
[14] 研究面では，北川（2013）のように，医薬品業界に特化して，国内企業と海外企業のディスクロージャーの比較を試みた先行研究もあるものの，わが国におけるそれらの研究蓄積は未だ少ない。

践していくことが求められている。この現況を鑑みると，評価する側も，グローバル目線でその比較を行うことにより，さらに，日本企業のIRを洗練させ，より有益なフィードバックを行うことが可能になると筆者は考える。

第6章

外部評価データを用いた株主構成の定量的考察[1]

---

[1] 本章は，姜（2013）「日本企業におけるインターネットIR水準の決定要因-株主構成に着目して-」『経営実務研究』第8号掲載論稿に一部加筆したものである。

第2部

インベスター・リレーションズの応用
－企業情報開示の現代的課題を巡る考察－

第1節　はじめに

　本章においては，IR活動の情報伝達手段の内，とくに，インターネットに着目して研究を進めるものとする。本章の目的は，ネットIR水準と株主構成の関係性を明らかにすることである。

　近年，上場企業が行うIR活動の手段としてインターネットは欠かせないものとなっている。また，2000年以降，インターネット取引口座も増加の一途をたどっている。JIRAが行った第19回「IR活動の実態調査」（2012年度）によれば，IR実施企業のうち自社HP上に「IR（投資家）情報」を掲載する企業は96.8％であった。このように，日本企業は，時間と場所を問わないインターネットを活用することで，従来からコミュニケーションをとってきたアナリスト・機関投資家以外に，90年代の株式持合い崩壊以降日本市場でプレゼンスが高まった外国人投資家，およびネット取引の普及により増加した個人投資家に対しても容易に自社情報を提供することが可能となっている。

　しかしながら，わが国において，IR活動のインターネットの活用に着目した研究は未だごく僅かであり（表5-4），日本企業が保有する自社HP上のIRサイト掲載情報の全容を明らかにした研究はほとんど見当たらない[2]。そこで本章では，企業のインターネットの活用に着目し，ネットIR情報の充実度（以下，「ネットIR水準」という）と株主構成の関係性について分析を行うものとする。ここでいう株主とは，機関投資家，外国人投資家および個人投資家を指す。

　本章の構成は次のとおりである。第2節では研究方法に触れる。第3節では，先行研究を概観し株主構成とネットIR水準に関する仮説を提示する。

---

[2] 清村（1998）は，90年代後半における日本企業の財務情報開示におけるホームページの活用実態を明らかにした。企業活力研究所（2012）は，企業がHP上に掲載するIR情報に関する実態調査を行っている。また，宮川（2013）は，日経平均225採用銘柄に限定し2011年12月時点におけるHP情報の集計を試みた。しかし，それらの情報内容は企業が開示するIR情報の一部を捉えたものであった。企業活力研究所（2012）「企業における非財務情報開示の在り方に関する調査研究報告」<http://www.bpfj.jp/act/download_file/8428429/95101661.pdf>．

第 4 節では，ネットIRをとおして提供される開示情報の状況を明らかにしたうえで実証研究の枠組みを説明する。第 5 節で，実証分析の結果を示し，最後に本研究のまとめとする。

第 2 節　研究方法

　日本企業のネットIR情報の実態を把握するためのデータとして，大和IRが毎年行っている「インターネットIR・ベスト企業賞」（以下，「ネットIR評価」という）の評価結果を用いる。対象年度は，今回，個票データを入手した2009年から2011年の 3 年間である。分析対象企業数は，東証33業種で2009年度は1,204社，2010年度1,161社，2011年度は1,448社である。

　はじめに，これらのデータを整理・分析し日本企業のネットIR情報の状況を把握する。次に，上記のネットIR評価の対象企業の内，証券アナリストによるディスクロージャー評価の対象にもなっている企業を抽出する。それらの企業数は，2009年度159社（24業種），2010年度234社（27業種），2011年度197社（25業種）である。そして，これら企業のネットIR情報の開示状況を数値化したものを被説明変数として使用し，説明変数には各社の株主構成を用いて回帰分析を行い，ネットIR水準と株主構成の関係性を検証する。実証研究の枠組みについては第 4 節で詳細を述べる。

第 3 節　先行研究と仮説設定

1.　先行研究

　第19回「IR活動の実態調査」（2012年度）によれば，IR実施企業に対して「IR活動において重点的にアプローチしたい主体」についてたずねたところ，「国内機関投資家」とする企業が最も多く62.9%であった。次いで，「個人株主」53.1%，「海外機関投資家」35.4%と続く。この調査結果から，日本企業がIR活動の対象として， 3 種類の投資家，すなわち，機関投資家，海外投資家お

よび個人投資家を重視していることは明らかである。そこで，海外に多数存在するネットIR水準の決定要因に関する先行研究の内，ネットIR水準に影響を与える説明変数として当該3種類の株主構成に着目した研究に焦点をあて概観していく。

第19回「IR活動の実態調査」（2012年度）によると，日本企業は，機関投資家（とくに「国内機関投資家」）を，長期的投資を行う安定株主とみなしており，機関投資家は企業にとっての大株主である。これらの機関投資家の特徴を表す代理変数を用いて機関投資家比率とネットIR水準の関係性を検証した先行研究には次のものがある。

Oyelere et al.（2003）は，ニュージーランド証券取引所に上場する229社を対象に，ネットIR水準に影響を及ぼす変数として企業規模・収益性・流動性・国際化・業種・レバレッジとともに株主構成（上位40％を占める株主の持株比率）を用いてロジスティック回帰を行った。その結果，企業規模・流動性に関しては正の有意な関係が，上位株主比率には負の有意な関係が示された。これは，ネットIR情報が幅広い投資家を対象に提供される多くの自主開示情報から構成されるため，上位株主比率が高い企業，言い換えれば一般株主が少ない企業に関しては積極的にネットIRを行う必要性が低いことを示している。同様に，Kelton and Yang（2008）は，NASDAQ上場企業284社を対象に，ネットIR水準と，社外取締役比率・企業規模・収益性・成長性・業種そして大株主比率の関連性を検証した。その結果，社外取締役比率・企業規模などについて正の有意な関係が示され，大株主比率には負の有意な関係が示された。本研究においても先行研究と同じく，機関投資家比率とネットIR水準の間に負の関係があるか検証を行うものとする。

また，外国人投資家比率に着目したものとしてXiao et al.（2004）がある。彼らは，中国の上場企業300社を対象に，ネットIR水準に影響を与える説明変数として独立取締役割合・監査法人の規模などに加え株主構成を示す複数の変数を用いて分析を行った。株主構成には，政府機関の持株比率・国有企業比率・法人比率・外国人投資家比率を使用し，検証の結果，法人比率と外国人投資家比率について正の有意な関係が示された。また，企業が外国人投

資家との地理的・時間的溝を埋めるツールとしてネットIRを積極的に活用することを証明するため，説明変数として外国上場の有無を用いた先行研究も多数ある（Debreceny et al. 2002; Xiao et al. 2004; Boubaker et al. 2012）。

個人投資家比率に着目した先行研究としてはAshbaugh et al.（1999）がある。彼らは，AIMR（米国投資管理調査協会）により評価された企業290社に対して，被説明変数としてネットIR情報の有無を，説明変数として企業規模・収益性・アナリスト評価および個人投資家比率を用いてロジット分析を行った。その結果，企業規模については正の有意な関係が示されたが，個人投資家比率はじめ他の変数では有意な関係は示されなかった。一方，同じく個人投資家比率を用いたBollen et al.（2006）では，6カ国270社を対象にネットIR水準の決定要因を分析した。被説明変数にはネットIR水準，説明変数には国際化・外国上場の有無・業種・成長性・企業規模とともに個人投資家比率を用いて回帰分析を行った結果，国際化・外国上場・企業規模および株主構成について正の有意な関係が示された。個人投資家比率とネットIR水準の関連性を調べた先行研究では，検証を行うタイミングと対象国の違いによって異なる結果が示されている。

以上のように，株主構成とネットIR水準の関係性を検証した先行研究は多数存在するが，機関投資家比率，外国人投資家比率，個人投資家比率をすべて同時に考慮して検証した先行研究は筆者の知るところ存在しない。本書では，日本企業固有の特性を明らかにするため，また，日本企業が重点的なアプローチ主体として考える投資家区分を鑑みて，当該3種類の投資家の持株比率をすべて考慮しながら検証を行うものとする。この点は，本研究の新規性である。

2. 仮説の設定

上述したとおり，日本企業はIR活動のアプローチ主体として国内機関投資家を非常に重視しており，これらの投資家を長期保有の安定株主と考えている。大量かつ長期に株式を保有する安定株主の割合が高い企業ほどネットIR水準が低いことは先行研究で示されている（Oyelere et al. 2003; Kelton and Yang 2008)。また，企業は，機関投資家とのコミュニケーションの場として個別（One on One）対応やスモール・ミーティングのように経営者と投資家が直接対峙する場を頻繁に利用している。よって，IR活動のアプローチ主体として機関投資家を重視する企業は，情報提供の対象範囲が広いネットIRの活用もさることながら，このようなミーティングの場をより積極的に利用すると考えられる。そこで次の仮説を設定する。

仮説1．機関投資家比率が高い日本企業は，ネットIRの活用よりも投資家と直接対話するミーティングの場を重視するインセンティブをもつためネットIR水準が低い。

　Xiao et al.（2004）は，中国企業を対象にネットIR水準と海外投資家比率の関連性を検証し，両者の間に正の有意な関係があることを示した。須田（2004）は，海外投資家のように発言力の強いステークホルダーはより適切なコーポレート・ガバナンスを目指して質の高い会計情報を求めることを示した。この考えに基づけば，企業は，海外投資家の高い要求レベルに応えるため，ネットIR情報も充実させると考えられる。また，海外投資家を意識する企業は，時間的および地理的距離を埋めるため，タイムリーにIRサイトを更新し，IRトップページに英語エントランスを設定するなど他言語にも積極的に対応すると考えられる。よって次の仮説を設定する。

仮説2．海外投資家比率が高い日本企業は，投資家の要求レベルに応えると同時に，投資家との時間的および地理的距離を縮めようと積極的にネットIRを活用するためネットIR水準が高い。

　Ashbaug et al.（1999）では，米国企業のネットIR水準と個人投資家比率の間には有意な関係は示されなかった。一方，Pirchegger and Wagenhofer（1999）では，株式の流動性比率の高い企業ほどネットIR評価が高い傾向にあることが示された。Bollen et al.（2006）では，個人投資家比率とネット

IR評価には正の有意な関係が示されている。日本企業は，重視するIR活動のアプローチ主体として国内機関投資家に次ぐ2番目に個人投資家を挙げており，日本IR協議会（2012）の調査回答企業の半数以上（50.6％）が「個人投資家向けIRの充実」をIR活動の課題に挙げている。これらの結果から，企業は，個人投資家に対し，ネットIRをとおして積極的に自社情報を開示するインセンティブをもつと考えられる。そこで，次の仮説を設定する。

仮説3．個人投資家比率が高い日本企業は，ネットIRをとおして積極的に情報開示を行うインセンティブをもつためネットIR水準が高い。

第4節　実証研究の枠組み[3]

1. 被説明変数

　先行研究によれば，ネットIRが十分に普及していない初期段階では，IRサイトの有無を被説明変数として研究が進められた（Ashbaugh *et al.* 1999; Craven and Marston 1999; Oyelere *et al.* 2003）。その後，ネットIRが広く普及した2000年以降では，研究者が定めた分類方法に従いネットIR情報を整理し，その開示レベルを点数化したものをネットIR水準の代理変数として研究に用いるようになった（Pirchegger and Wagenhofer 1999; Ettredge *et al.* 2002; Debreceny *et al.* 2002; Bollen *et al.* 2006; Kelton and Yang 2008）。例えば，Ettredge *et al.* (2002) は，米国企業193社を対象に，SEC（U.S. Securities and Exchange Commission：米国証券取引委員会）への提出義務がある法定開示情報をREQ（Required Filings）に，それ以外の自発的開示情報をVOL（Voluntary Disclosure）に分類し数値化して，ネットIR水準の代理変数とした。本研究でも同様に被説明変数を作成する。それに先立ち，ここで日本企業のネットIR情報の状況を明らかにしておく。
　わが国におけるIR情報は，会社法や金融商品取引法で定められた法定開

---

[3] 変数の設定では，ネットIRに限定せず，財務情報開示水準の決定要因に関する研究も参照した。

第2部

インベスター・リレーションズの応用
―企業情報開示の現代的課題を巡る考察―

示情報および東証ルールによる適時開示情報と,それ以外の自主開示情報の2つに大別できる[4]。本研究では,Ettredge et al.(2002)の分類方法を援用し,制度開示情報をREQ,自主開示情報をVOLに区別して日本企業のネットIR情報を整理する。REQとVOLの合計をINDEXとする。基礎データとしては,先述したとおり,大和IRが毎年行う「ネットIR評価」の集計データを使用する。

大和IRが行うネットIR評価とは,2000年からはじまったネットIR表彰制度である。評価対象はHPを有する全上場企業であり,評価方法は次のとおりである。まず一次審査で,5T&C[5]に基づき全上場企業のHPを調査し1,200社程度に選定対象を絞る。二次審査では,大和IRが定めた特定の項目(以下,「小区分」という)について,各社IRサイトへの掲載の有無を調査する。実際の評価では合計が100点満点になるよう各項目に点数が傾斜配分されている。審査は毎年9月から11月の約3ヵ月かけて行われ,12月にその結果が発表される。本研究では,傾斜配分された評価点は用いず,大和IRがチェックした各項目の掲載の有無の情報のみを使用する。大和IRが定めた小区分に含まれる項目の合計は,2009年54項目,2010年106項目,2011年109項目である。これらの項目は,企業を取り巻く経済環境などを鑑み毎年修正が加えられる。ネットIR情報として投資家向けに開示した方が良いと思われる項目が追加されていくため,この数は年々増加する傾向にある。また,ネットIR情報はその多くが自主開示情報であるため,REQとVOLに含まれる項目の数を比較するとVOLが圧倒的に多い(表6-1)。本研究における対象期間は,個票データを入手した2009年から2011年の3年間とする。これらのデータによれば,大和IRのネットIR評価で二次審査に進んだ企業は,REITを除く東証33業種で2009年度は1,204社,2010年度1,161社,2011年度は1,448社。これらの二次審査対象企業のネットIR情報の開示状況をまとめたものが表6-1で

---

[4] ただし,東証ルールの適時開示情報に含まれるものには,本書第3章で触れた業績予想のように企業の自主判断に委ねられる開示情報もある。

[5] 5T&Cとは,Timely(適時性),Transparent(透明性),Traceable(追跡可能性),Trustworthy(信頼性),Total(包括性),およびCommunication(双方向性)をいう。

第6章
外部評価データを用いた株主構成の定量的考察

表6-1 IRサイト掲載項目一覧

大・中区分	2009年度 平均開示率（％）		2010年度 平均開示率（％）		2011年度 平均開示率（％）	
	全社 N=1,204	アナリスト 評価有 N=159	全社 N=1,161	アナリスト 評価有 N=234	全社 N=1,448	アナリスト 評価有 N=197
【REQ】						
法定刊行物	58.7	71.1	71.4	83.6	65.6	80.0
経営リスク	13.9	20.8	17.2	30.8	31.7	42.1
株主総会	14.3	22.2	20.6	33.8	17.5	29.7
大株主情報	86.3	92.8	58.3	68.5	56.6	67.3
コーポレート・ガバナンス	50.0	67.9	25.9	39.9	24.9	41.8
REQ開示項目数	4(9*)	5	10(26*)	13	11(29*)	15
REQ平均開示率(%)	44.1	53.7	39.2	51.6	37.9	50.8
【VOL】						
IRトップページ	52.1	68.4	55.4	71.8	55.8	73.7
個人投資家向け情報	42.7	51.2	36.9	45.0	44.2	56.2
IR基本方針	37.1	39.0	30.8	34.3	45.0	51.6
社長メッセージ	54.7	58.8	87.9	92.7	73.0	84.5
中期経営計画	22.9	37.1	17.4**	27.2	35.5	52.5
CSR情報	54.2	81.1	51.7	84.0	46.1	69.2
株価・社債情報	50.7	66.0	23.9	36.6	31.3	48.3
配当政策	76.0	91.2	32.0	42.2	52.6	66.1
IRスケジュール	81.4	92.5	49.1	60.5	32.9	45.3
財務データ・アナリスト・格付け情報	28.3	46.1	18.1	38.2	35.4	57.4
IRライブラリー	38.1	50.3	52.6	72.2	45.5	77.3
プレゼンテーション	25.5	34.3	23.5	34.8	23.6	39.9
サイト使用時留意点	91.6	96.9	63.5	70.4	66.1	75.7
コンタクト	46.4	50.9	36.7	38.5	38.5	46.0
ユーザビリティ	29.8	39.6	32.3	44.9	37.9	52.9
VOL開示項目数	19(45*)	24	30(80*)	39	34(80*)	46
VOL平均開示率(%)	42.5	53.0	38.0	49.0	43.0	57.0
INDEX開示項目数	23(54*)	29	41(106*)	52	45(109*)	61
INDEX平均開示率(%)	42.8	53.1	38.3	49.7	41.5	56.0

(注1*) 括弧内の数字は大和IRが定めた各年度の小区分項目数。
(注2**) 中区分の「中期経営計画」には，2010年の場合，小区分として「中期経営計画」「中計前期の総括」「中期経営計画動画」の3項目が含まれており，「中計経営計画動画」のネットIR上の開示率が極端に低かったため，「中期経営計画」全体としての平均開示率も低迷している。
出所：大和IRの個票データ（2009; 2010; 2011）より筆者作成。

第 2 部
インベスター・リレーションズの応用
―企業情報開示の現代的課題を巡る考察―

ある。

表6-1の2010年度全社（N=1,161）の数字をみながら，ネットIRで開示されている項目数と平均開示率の算出方法を説明する。大区分に該当するINDEXは，REQの5項目とVOLの15項目の中区分で構成され，中区分は106の小区分からなる。中区分は筆者が設定し，小区分は大和IRが定めた項目をそのまま使用した。REQには26，VOLには80の小区分が対応し，中区分と小区分の紐付けは筆者が行った。小区分に該当する各項目の情報がIRサイトに掲載されていれば1を，掲載されていなければ0を付し，その数を集計したものが開示項目数であり，開示項目数を割合に直したものが平均開示率（％）である。例えば，REQの中区分「法定刊行物」には，3つの小区分項目「法定刊行物」「法定刊行物の期間」「内部統制報告書」が含まれ，1,161社のこの小区分の項目別平均開示率は，それぞれ，77.9％，74.6％，61.6％であった。そこで，これらの3つの平均開示率を合計し，中区分の平均開示率として算出した結果が71.4％である。同じ要領ですべての開示率を算出した。

2009年から2010年にかけて，評価項目が倍の数に増えているため，3年間の開示率を単純に比較することはできないが，集計結果を整理すると次のとおりである。日本企業のネットIR情報の内，積極的に開示されている項目（対象となる3年間を通じて全社平均の開示率がほぼ50％を超える項目）は，REQに含まれる情報では「法定刊行物」と「大株主情報」。VOLに含まれるものは「IRトップページ」「社長メッセージ」「CSR情報」および「サイト使用時留意点」である[6]。取引所提出書類などからなる「法定刊行物」は作成が義務付けられているものであり，これらの情報の開示率が高いのは当然の結果であろう。また，「IRトップページ」「社長メッセージ」「CSR情報」の開示率が高いことから，上場企業の多くはネットIRを通じて，自社の経営者の声や企業の社会的責任を投資家に直接伝えようと努力している姿が垣間

---

[6] ただし，CSR情報については，2011年のみ開示率46.1％と開示率が50％をきっている。これは，2011年のCSR評価項目（小項目）が前年と比較して増加したため，全体の平均が落ちたと考えられる。

第6章
外部評価データを用いた株主構成の定量的考察

みえる。一方，日本企業のネットIR情報の内，消極的開示に留まっている項目（対象となる3年間を通じて全社平均の開示率が40％未満の項目）は，REQに含まれる情報では「経営リスク」「株主総会」「コーポレート・ガバナンス」[7]。VOLに含まれるものは「中期経営計画」「株価・社債情報」「財務データ・アナリスト・格付け情報」「プレゼンテーション」「ユーザビリティ」であった[8]。投資家の注目度が高い「経営リスク」「コーポレート・ガバナンス」「中期経営計画」といった情報が，日本企業全体としては低い開示率に留まっている[9]。

　表6-1には，二次審査に進んだ全企業と証券アナリストによるディスクロージャー評価対象企業の開示率を併記している。本研究では，次節以降の実証分析の対象企業として，先行研究にならい（Ettredge et al. 2002），同年度の「証券アナリストによるディスクロージャー優良企業選定」の評価企業を用いるものとする。研究対象をアナリスト評価対象企業とした場合，サンプル数が限定される欠点があるものの，それらの企業は時価総額が大きく，わが国を代表する大企業で構成されていることから，日本企業のネットIRの傾向を探るうえでは適切な企業群と考えられる。本研究では，大和IRによるネットIR評価の二次審査に進んだ企業の内，アナリスト評価の対象企業でもあり，かつ後述する各変数のデータソースから情報を入手できた企業に対象を絞った結果，サンプル数は次のとおりとなった。2009年度159社（24業種），2010年度234社（27業種），2011年度197社（25業種）。これらの対象企業について，REQ，VOL，INDEXの開示率（％）をそれぞれ算出し，被説明変数とした。日本企業のネットIR情報を制度開示情報と自主開示情報に大きく区分したうえで，各区分のネットIR水準（開示率）を表す被説明

---

7) コーポレート・ガバナンスの開示率は2009年のみ50％を超えているが，2010年以降，社会の情勢を鑑み評価項目を大幅に増やしたところ（体制図，個別の委員会，役員報酬の掲載など），開示率は大きく減少しているため消極的開示項目に含めた。

8) 株価・社債情報も上記脚注7と同様の理由により，2010年以降開示率は大きく減少しているため，消極的開示項目に含めた。

9) 投資家（とくに，機関投資家）が重視する企業情報を知るため，日本証券アナリスト協会が毎年行う「証券アナリストによるディスクロージャー優良企業選定」<http://www.saa.or.jp/disclosure/selection.html>の評価項目参照。

第2部
インベスター・リレーションズの応用
―企業情報開示の現代的課題を巡る考察―

変数をREQおよびVOLと定めて株主構成との関連性を検証した研究は国内になく，この点は本書の新規性といえる。

さらに，日本企業のIRサイトにおける非財務情報の開示状況の詳細にも触れておく。IRサイト掲載項目の内，REQおよびVOLに含まれる情報を，財務情報と非財務情報に分類し（この分類は筆者が行った），2010年度の大和IRによるネットIR評価企業の上位100社の開示状況を示したのが図6-1である。2010年度データを使用したのは，2009年度がリーマン・ショック直後であり，2011年度は東日本大震災の影響により，企業の情報開示姿勢に弱冠のバラつきがあると考えたからである。非財務情報には，中区分の「経営リスク」,「コーポレート・ガバナンス」,「中期経営計画」,「CSR」,「英語対応」を含めた。

図6-1では，それら中区分に含まれる小項目ごとに開示率をパーセンテー

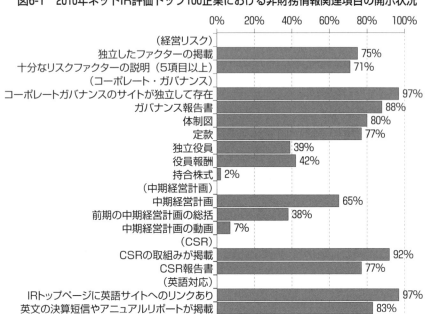

図6-1 2010年ネットIR評価トップ100企業における非財務情報関連項目の開示状況

出所：大和IR(2010)の個表データより筆者作成。

第6章
外部評価データを用いた株主構成の定量的考察

ジで表記した。中区分5項目について，積極的に開示しようとする企業姿勢はみられるものの，「独立役員」「役員報酬」「持合株式」および「中期経営計画の総括」などは総じて低い開示状況となっている。

2. 説明変数

株主構成を示す変数はすべてQUICK社のAstra Manager（以下，「Quick Astra Manager」という）のデータを使用する。当該データソースの「所有者分布状況」は，有価証券報告書記載ベースで作成されている。投資家の内訳は，「政府・公共団体」「金融機関」「証券会社」「その他法人」「外国法人等」「その他（個人）」である。この6区分の投資家の持株比率を合計すると100%になる。本研究では，複数いる投資家の内，近年，日本企業がとくに重視する投資家である機関投資家，外国人投資家，個人投資家に焦点をあて検証を行っている。

機関投資家比率（INST）には，企業が機関投資家を長期安定株主とみなしていることを考慮し，代理変数として「所有者別分布状況・金融機関」（生保・投信・銀行）を用いる。外国人投資家比率（FRGN）には「所有者別分布状況・外国法人等[10]」を，個人投資家比率（INDV）には「所有者別株式分布状況・その他（個人）」を代理変数として使用する[11]。

3. コントロール変数

(1) アナリスト要因

Ettredge et al.（2002）は，ネットIR水準とアナリスト評価の間に正の有

---

10) 本研究および多くの先行研究（須田 2004; 林 2010など）で頻繁に外国人投資家比率の代理変数として「外国人持株比率」が用いられるが，円谷（2014）が指摘するように，そもそも，これらの「外国人持株比率」が，外国人投資家の姿を正しく反映したものかどうかは別途検証が必要である。本研究を進めるにあたっては，データ入手の制約上，Quick Astra Managerから入手した「所有者別分布状況・外国法人等」のデータを使用するものとする。

11) 表6-4によれば，3つの説明変数（INST, FRGN, INDV）の間に強い相関関係は存在しない。また，説明変数間における多重共線性の問題の有無を分散拡大要因（variance inflation factor，以下，「VIF」という）で確認したところ，各変数のVIFが1.0〜1.7の範囲内にあることから，多重共線性の問題はないと考えられる。

意な関係があることを示した。記虎（2006b）は，大和IRの2003年から2005年までの「インターネットIRサイトの優秀企業」のプレスリリースを利用してネットIR水準とアナリスト評価の関係を検証し，アナリスト評価が高い企業ほどネットIRの質が高い傾向にあることを示した。そこで，本研究でもアナリスト評価をコントロール変数として用いる。代理変数として，毎年10月に公表される「証券アナリストによるディスクロージャー優良企業選定」の総合評価を使用する（ANA）。

（2）財務要因

企業規模とネットIR水準との間に正の関係があることを示した先行研究は多数存在する（Craven and Marston 1999; Ettredge et al. 2002; Oyelere et al. 2003; Xiao et al. 2004; Boubaker et al. 2012）。本研究でも，企業規模をコントロール変数とする。変数には，Ettredge et al.（2002）を踏襲し，時価総額の対数値（LNCV）を使用する。

Kelton and Yang（2008）および記虎（2006b）では，収益性とネットIR水準の間に有意な結果は得られなかった。しかし，収益性の高い企業は，ネットIRにコストをかけるだけの財務余力があり，なおかつ投資家に対し収益性の高さを示すインセンティブをもつと考えられる。そこで収益性を示すコントロール変数として自己資本利益率（ROE）を用いる。

財務レバレッジに関し，Boubaker et al.（2012）は，IR水準と財務レバレッジには，正の関係（Lang and Lundholm 1993），負の関係（Eng and Mak 2003），そして関連性がない（Debreceny et al. 2002）と3つの解析結果を示している。日本企業を対象に行った先行研究ではネットIR水準に対し有意な結果を得られなかった（記虎 2006b）。しかし，レバレッジの高い企業は，財務安全性をアピールするため積極的に情報を開示するインセンティブをもつと考えられる。そこで，財務レバレッジ（LEVER）をコントロール変数として用いる。

新規株式発行を行う企業は，投資家に対し広く自社の活動状況を知ってもらうためネットIRをとおして積極的に情報発信すると考えられる（Ettredge

第6章
外部評価データを用いた株主構成の定量的考察

et al. 2002)。本研究でも，新規株式発行をコントロール変数とする。新規株式発行の代理変数としてEQUITY（対応する事業年度の前期末までに株式の新規発行があれば1を与えるダミー変数）を用いる。また，ネットIR評価が業種により異なることは先行研究で示されている（Debreceny *et al.* 2002; Xiao *et al.* 2004; Boubaker *et al.* 2012)。本研究では，東証33業種の区分に従い各業種にダミー変数を与える形で業種をコントロールする。

各変数の定義，基本統計量および相関係数は表6-2，表6-3，表6-4のとおりである。相関係数を概観すると，INDVのみINDEX，REQに対して負の相関を示している。これは設定した仮説と異なりINDVとネットIR水準が負の関係にあるということだろうか。重回帰分析により検証を行う。

表6-2 被説明変数および説明変数の定義

被説明変数 変数名	略称	定義	データソース	
全項目の開示率	INDEX	全項目の開示率平均×100	大和IR	2009-11の各12月
REQ項目の開示率	REQ	REQ項目の開示率平均×100	大和IR	2009-11の各12月
VOL項目の開示率	VOL	VOL項目の開示率平均×100	大和IR	2009-11の各12月
説明変数 変数名	略称	定義	データソース	
機関投資家持株比率	INST	金融機関 (有報記載ベース)	Quick Astra Manager	2009-11の直前決算期
外国人投資家持株比率	FRGN	外国法人等 (同上)	Quick Astra Manager	2009-11の直前決算期
個人投資家持株比率	INDV	個人その他 (同上)	Quick Astra Manager	2009-11の直前決算期
アナリスト評価	ANA	証券アナリストによるディスクロージャー優良企業選定の総合評価	日本証券アナリスト協会	2009-11の各10月
時価総額の対数値	LNCV	期末時価総額の対数値	Quick Astra Manager	2009-11の直前決算期
自己資本利益率	ROE	期末の自己資本利益率	Quick Astra Manager	2009-11の直前決算期
財務レバレッジ	LEVER	資産合計÷自己資本	Quick Astra Manager	2009-11の直前決算期
新規株式発行	EQUITY	対応する事業年度の前期末まで株式の新規発行があれば1を与えるダミー変数	Quick Astra Manager	2009-11の直前決算期

第2部

インベスター・リレーションズの応用
－企業情報開示の現代的課題を巡る考察－

表6-3 基本統計量

変数名	年度	度数	最小値	最大値	平均値	中央値	標準偏差
INDEX	2009	159	12.962	92.592	53.133	51.852	15.576
	2010	234	15.094	87.735	49.721	50.000	14.843
	2011	197	21.100	91.743	55.963	55.963	14.956
REQ	2009	159	.000	88.888	53.668	55.556	17.058
	2010	234	3.846	88.461	51.643	53.846	18.084
	2011	197	10.344	93.103	50.796	51.724	16.354
VOL	2009	159	13.333	95.555	53.025	51.111	16.205
	2010	234	15.000	90.000	49.097	48.750	14.690
	2011	197	18.750	100.00	56.979	57.500	15.745
INST	2009	159	2.960	61.330	31.331	33.130	13.070
	2010	234	1.650	56.860	31.845	33.880	12.001
	2011	197	2.200	54.410	30.195	32.680	12.631
FRGN	2009	159	1.190	84.970	22.590	20.350	13.269
	2010	234	1.430	90.920	25.539	23.200	13.603
	2011	197	.940	81.130	25.672	23.890	13.959
FRFLT	2009	159	2.060	88.510	25.783	22.190	15.400
	2010	234	2.000	89.430	22.437	19.130	13.459
	2011	197	1.430	79.250	22.528	20.340	12.757
ANA	2009	159	41.400	84.600	67.726	67.600	8.571
	2010	234	37.600	90.400	69.237	69.900	9.394
	2011	197	40.000	89.000	69.280	70.850	9.339
LNCV	2009	159	23.554	29.401	26.378	26.417	1.303
	2010	234	23.719	30.189	26.829	26.829	1.225
	2011	197	23.377	30.077	26.735	26.740	1.242
ROE	2009	159	-85.705	42.573	.027	2.268	14.111
	2010	234	-71.222	30.723	3.731	4.499	8.854
	2011	197	-61.997	77.542	8.102	7.005	11.277
LEVER	2009	159	1.150	69.728	4.324	2.577	7.335
	2010	234	1.101	43.440	3.885	2.538	4.790
	2011	197	1.106	36.298	3.867	2.441	4.937
EQUITY	2009	159	.000	1.000	.210	.000	.407
	2010	234	.000	1.000	.180	.000	.388
	2011	197	.000	1.000	.140	.000	.345

表6-4 相関係数

年度	変数	INDEX	REQ	VOL	INST	FRGN	FRFLT	ANA	LNCV	ROE	LEVER	EQUITY
2009	INDEX	1										
	REQ	.771**	1									
	VOL	.991**	.679**	1								
	INST	.009	.022	.006	1							
	FRGN	.058	.060	.054	-.066	1						
	FRFLT	-.160*	-.164*	-.150	-.366**	-.431**	1					
	ANA	.291**	.190*	.295**	.335**	.125	-.273**	1				
	LNCV	.360**	.235**	.365**	.203*	.300**	-.286**	.406**	1			
	ROE	.001	-.074	.016	-.007	.073	-.121	.059	.043	1		
	LEVER	.110	.071	.112	.115	.028	-.065	.070	.231**	-.208**	1	
	EQUITY	-.020	-.034	-.016	-.138	.133	.158*	-.035	.063	-.004	.285**	1
2010	INDEX	1										
	REQ	.889**	1									
	VOL	.983**	.790**	1								
	INST	-.032	-.010	-.039	1							
	FRGN	.081	.041	.092	-.057	1						
	FRFLT	-.048	-.026	-.054	-.201**	-.427**	1					
	ANA	.316**	.270**	.315**	.258**	.114	-.107	1				
	LNCV	.316**	.218**	.335**	.188**	.362**	-.299**	.318**	1			
	ROE	.001	-.013	.007	-.112	-.012	.018	-.039	.056	1		
	LEVER	.040	.067	.026	.090	.008	-.025	.070	.163*	-.069	1	
	EQUITY	-.016	.032	-.035	-.008	.095	.119	.059	.094	-.072	EQUITY	1
2011	INDEX	1										
	REQ	.882**	1									
	VOL	.959**	.808**	1								
	INST	.019	-.037	.047	1							
	FRGN	.031	.071	.009	-.130	1						
	FRFLT	-.051	-.052	-.029	-.116	-.347**	1					
	ANA	.299**	.156*	.323**	.186**	.154*	-.067	1				
	LNCV	.423**	.367**	.410**	.182*	.334**	-.206**	.347**	1			
	ROE	-.083	-.057	-.077	-.201**	.190**	.114	.017	-.030	1		
	LEVER	.087	.089	.054	.096	.058	-.034	.111	.191**	-.075	1	
	EQUITY	-.001	.129	-.027	-.240**	.128	.100	-.035	.052	.064	.169*	1

(注) **および*は，それぞれ相関係数が1％水準，5％水準で有意（両側）であることを示す。

第5節　検証結果とその分析

INDEX, REQ, VOLの3つの被説明変数について以下のモデルで分析を行った。

【分析モデル】
① $INDEX = \beta_0 + \beta_1 INST + \beta_2 FRGN + \beta_3 INDV + \beta_4 ANA + \beta_5 LNCV + \beta_6 ROE + \beta_7 LEVER + \beta_8 EQUITY$
② $REQ = \beta_0 + \beta_1 INST + \beta_2 FRGN + \beta_3 INDV + \beta_4 ANA + \beta_5 LNCV + \beta_6 ROE + \beta_7 LEVER + \beta_8 EQUITY$
③ $VOL = \beta_0 + \beta_1 INST + \beta_2 FRGN + \beta_3 INDV + \beta_4 ANA + \beta_5 LNCV + \beta_6 ROE + \beta_7 LEVER + \beta_8 EQUITY$

検証結果は表6-5のとおりである。業種ダミーを入れて分析したが，すべての変数について有意ではなかったので，本書では業種ダミーを外して分析を行った結果を示している。また，INST，FRGN，INDVの説明変数を個別に入れたモデルにおいても分析を行ったが，有意な変数について違いはなく，分析結果は頑健であると考えられる。

はじめに，機関投資家比率を指す説明変数INSTの結果をみていくものとする。2009年および2010年において，INSTはINDEXとVOLに対し有意に負であることが示された。これは仮説1と整合的である。先行研究の結果とも一致しており，安定株主の持株比率が高い企業ほど一般株主に対するIRの必要性は低い（林 2013）という考えと整合的である。この結果から，機関投資家比率の高い企業は，投資家とのコミュニケーション手段として，ネットIRの活用もさることながら，経営者が投資家と直接対話するミーティングの場をより重視するインセンティブをもつためネットIR水準が低いと考

えられる[12]。

　一方，REQに対しては有意な結果を得られなかった。これは，ネットIR情報の多くが自主開示情報で構成されているため，企業のネットIRの活用度はVOLにより強く反映されるためと解釈できる。ただし，2011年は3つの被説明変数すべてに対し有意な結果は得られなかった。

　次に，説明変数FRGNに関してみてみると，2011年のモデル③を除き被説明変数すべてに対し有意な結果を得られなかった。これは仮説2と整合的でない。先行研究によれば，日本企業は，海外投資家の強い要求に応えるため任意開示情報を積極的に開示する（須田 2004）はずだが，ネットIR情報に関しては異なる結果となった。

　そこで，再度，前掲した表1の内容をみてみる。大和IRのネットIR評価に関する採点細則によれば，VOL情報である「IRトップページ」には，英語サイトへのリンクの有無も評価項目として含まれている。手許の個票データを確認すると，2009年証券アナリスト評価対象企業159社の内145社（約91%）が，2010年では234社中221社（約94%），2011年においても197社中186社（約94%）が，英語サイトへのリンクを自社IRサイトのトップページに設けていることがわかる。これらの状況から，本研究における検証結果を次のように考えることができる。

　日本企業は，投資家の所在地が国内であるか海外であるかにかかわらず，投資家間の情報格差を減らすため，ネットIR上に英語サイトを積極的に設け，タイムリーな情報提供を心掛けている。それゆえ，外国人投資家の保有比率は，日本企業のネットIR水準に影響を与えない，という解釈である。

　ただし，2011年のVOLに対してのみFRGNは負に有意な結果を示した。

---

[12] この結果は次のようにも解釈できる。すなわち，機関投資家比率の代理変数として，「所有者別分布状況・金融機関」（生保・投資・銀行）を用いているため，企業は，株主（生保・損保）への情報開示と同時に，株主であり債権者でもある銀行への情報開示を行っていると考えられる。企業が，債権者である銀行に対し，経営状態の説明などを行う際には，企業のIR部門というよりむしろ財務部門が前面に出て応対するのが一般的である。その場合，インターネットを介したやりとりではなく，企業と銀行の直接対話による説明が行われるため，INSTはINDEX・VOLに有意に負であるという解釈である。エクイティIR（株主に対するIR）とデットIR（債権者に対するIR）の違いはデットIR研究会（2007）に詳しい。

第2部

インベスター・リレーションズの応用
－企業情報開示の現代的課題を巡る考察－

2011年は，夏から年末にかけて欧州債務問題の深刻化などを背景に日本市場では3年ぶりに外国法人などの株式保有比率が低下した年である（全国証券取引所 2012）。

また，同年3月に発生した東日本大震災の影響で，企業は経営リスクの開示姿勢を強める一方（表6-1），先行きを見通せなくなった影響から業績見通しの開示が微減した年でもあった（JIRA 2012）。これらの例外的な要因により，2011年は，FRGNおよび上述したINSTについて事前に想定しない結果が得られたと考えられる。

さらに，説明変数INDVについても，ネットIRに対し一切有意な結果を得られなかった。これは仮説3と整合的でない。この結果は，個人投資家比率が高い企業が，ネットIRをとおして積極的に情報開示を行うインセンティブをもつとはいえないことを意味している。また，前掲した表6-1からも明らかなとおり，企業は個人への情報提供手段の1つとしてインターネットの活用を考えてはいるものの，実際，HP上のIRサイト内に「個人投資家向け情報」を掲載している企業は，アナリスト評価対象企業で50％前後，上場企業の1/3（約1200社）では40％前後に留まっており，決して高い開示率とはいえない。これらの結果から，企業はネットを利用した情報提供対象者を個人投資家に限定せず，広くステークホルダー全体にむけての情報発信手段としてネットIRを活用していると捉えた方が良いと考えられる[13]。

コントロール変数に関しては，LNCVが3年間のネットIR水準全般に対し正に有意であった。また，ANAについては，3年間ともINDEXとVOLに対し有意に正であることが示された。この，LNCVおよびANAの結果は先行研究の結果と一致している。しかしながら，ANAはREQに対して2010年を除き有意な結果を得られなかった。これは，ANAが，自主開示情報からなるVOLにより強く影響を与えることを意味している。ROE，LEVER，EQUITYについてはネットIR水準に対し有意な結果を示さなかった。

以上の結果を整理すると次のとおりである。機関投資家比率はネットIR

---

[13] ステークホルダー・アプローチに依拠して企業ウェブサイトの情報開示の効果を検証したものに記虎（2010）がある。

第6章
外部評価データを用いた株主構成の定量的考察

表6-5 検証結果

年度	変数	モデル① INDEX 係数	t値	有意確率	モデル② REQ 係数	t値	有意確率	モデル③ VOL 係数	t値	有意確率
2009	定数項	-54.941	-2.155	.033	-16.881	-.574	.567	-62.553	-2.365	.019
	INST	-.226	-2.199	.029*	-.171	-1.444	.151	-.237	-2.222	.028*
	FRGN	-.146	-1.399	.164	-.106	-.881	.380	-.154	-1.422	.157
	INDV	-.135	-1.417	.158	-.183	-1.663	.098	-.126	-1.269	.206
	ANA	.374	2.440	.016*	.250	1.410	.161	.399	2.508	.013*
	LNCV	3.656	3.533	.001**	2.511	2.102	.037*	3.884	3.618	.000**
	Adj R^2		.145			.050			.149	
2010	定数項	-66.890	-3.086	.002	-46.042	-1.671	.096	-73.666	-3.465	.001
	INST	-.198	-2.432	.016*	-.173	-1.674	.095	-.206	-2.580	.011*
	FRGN	-.054	-.690	.491	-.073	-.734	.464	-.048	-.623	.534
	INDV	.025	.319	.750	.013	.135	.892	.029	.373	.709
	ANA	.436	4.223	.000**	.476	3.626	.000**	.423	4.177	.000**
	LNCV	3.509	4.105	.000**	2.670	2.457	.015*	3.782	4.511	.000**
	Adj R^2		.151			.075			.166	
2011	定数項	-86.407	-3.905	.000	-77.836	-3.076	.002	-95.340	-4.070	.000
	INST	-.153	-1.858	.065	-.150	-1.583	.115	-.130	-1.483	.140
	FRGN	-.156	-1.940	.054	-.108	-1.174	.242	-.173	-2.034	.043*
	INDV	-.021	-.258	.797	-.038	-.399	.691	.009	.107	.915
	ANA	.322	2.932	.004**	.113	.901	.369	.388	3.342	.001**
	LNCV	4.873	5.487	.000**	4.831	4.757	.000**	5.050	5.371	.000**
	Adj R^2		.201			.119			.204	

（注1）**および*は，それぞれ回帰係数が1％水準，5％水準で有意であることを示す。
（注2）ROE，LEVER，EQUITYに関しては有意な結果が得られなかったため掲載を省略した。

水準に負の影響を与えることが示された。これは，機関投資家比率の高い企業は，投資家とのコミュニケーション手段として，ネットIRの活用もさることながら，経営者が投資家と直接対話するミーティングの場をより重視するインセンティブをもつことを意味すると考えられる。

一方，外国人投資家比率および個人投資家比率は仮説および先行研究と異なりわが国のネットIR水準に影響を与えないことが示された。外国人投資

家比率で有意な結果を得られなかった理由は，日本企業が，投資家の所在地にかかわらず，投資家間の情報格差を減らす目的から，すでに，ネットIR上に英語サイトを積極的に設け，タイムリーな情報開示を心掛けているためと考えられる。また，個人投資家比率で有意な結果を得られなかった理由は，企業がネットIRによる情報提供対象者を，個人投資家に限定せず，広くステークホルダー全体としているためと推測できる。

さらに，次のような解釈もできる。本研究では，既存の株主構成がネットIR水準に影響を与えるという前提のもと仮説を構築したが，この因果関係が逆という可能性である。つまり，ネットIRを積極的に行った結果，その効果として個別の投資家の持株比率が増加するという関係である。第19回「IR活動の実態調査」（2012年度）によればIR活動の効果測定を実施している企業の約20％が，その指標として「株主構成」を，さらにその21.4％が最も重要な目標として「個人投資家の株式保有比率向上」を掲げている。この現状を鑑みると，ネットIRと株主構成の関係性を検証することは，IR活動の効果測定という面からも非常に重要な意味をもつといえる。

第6節　おわりに

本研究では，株主構成とネットIR水準の関係性を検証してきた。一連の考察のなかで，日本企業は，ネットIR情報として「法定刊行物」「大株主情報」「IRトップページ」「社長メッセージ」「CSR情報」および「サイト使用時の留意点」を積極的に開示しているものの，投資家がとくに重視しているはずの「経営リスク」「コーポレート・ガバナンス」「中期経営計画」，ならびに「株主総会」「株価・社債情報」「財務データ・アナリスト・格付け情報」「プレゼンテーション」および「ユーザビリティ」の情報に関しては消極的開示に留まっていることが示された。

そして，回帰分析の結果，機関投資家比率はネットIR水準に対し有意に負であった。これは，機関投資家比率の高い企業は，投資家とのコミュニケーション手段として，ネットIRの活用以上に，経営者が投資家と直接対話す

第6章
外部評価データを用いた株主構成の定量的考察

るミーティングの場をより重視するインセンティブをもつことを意味すると考えられる。一方，外国人投資家比率および個人投資家比率はネットIR水準に対し有意な結果は得られなかった。これは，日本企業が，投資家間の情報報格差を減らすため，すでに，ネットIR上に英語サイトを積極的に設けてタイムリーな情報開示を心掛けており，なおかつ，ネットによる情報提供対象者を広くステークホルダー全体として捉えている結果と推測できる。

本研究の新規性は2つある。1つは，3種類の投資家に着目して株主構成とネットIR水準の関係性を明らかにした点。もう1つは，日本企業のネットIR情報を制度開示情報（REQ）と自主開示情報（VOL）に区分し，各区分ごとに株主構成とネットIR水準の関係を検証した点である。

しかし，いくつかの課題も残されている。まず第1に，検証結果の一部については，先行研究と整合的でないものがあった。この原因の究明が必要である。第2に，統計データに制約があった点の克服である。本研究の対象企業が，証券アナリストの評価対象企業のみに制約されているため，その分析結果が大企業の実態だけを反映したものに偏っている可能性がある。同様に，データ入手の制約上，本研究では，説明変数の代理変数として「所有者別分布状況・金融機関」（生保・投信・銀行），および，「所有者別分布状況・外国法人等」を用いたため，分析の制約があったと考える。今後，機関投資家を生保・投資・銀行と厳密に区分したデータ，また，外国人投資家の実態を忠実に反映したデータを入手したうえで，ネットIR水準と株主構成の関連性を検証する必要があると考える。第3に，ネットIR活用の効果測定に関する研究の必要性である。これについても今後の課題としたい。

第7章

結 論

第2部
インベスター・リレーションズの応用
－企業情報開示の現代的課題を巡る考察－

第1節　分析結果

　本書は2つの問題意識から成り立っていた。1つは，IR研究の強化拡張であり，もう1つはIR実務の洗練化である。そのため，第1章から第6章にわたり，理論研究と実証研究を交えながら，わが国におけるIR活動を考察してきた。以下に，各章の分析内容および分析結果を要約しておく。

　第1部は，第1章および第2章から構成された。ここでは，IR研究の強化拡張のために，IR活動のフレームワークおよびその活動の基底となる理論を再定義した。

　第1章では，IR活動の発展の歴史，IRの定義と活動内容，そして，近年，再びIRが注目されるきっかけとなった日本版スチュワードシップ・コードとコーポレートガバナンス・コード施行の流れを概観した。

　第2章では，IRの基底となる理論的フレームワークの再定義を試みた。ここでは，組織の経済学の構成要素である取引コスト理論とエージェンシー理論を用いてIRに新たな解釈を与えた。すなわち，IR活動の主たる目的である資本コストの低減を目指すのであれば，株主および債権者からの資金調達により最適資本構成を検討すべきという実務上の帰結と，取引コスト理論およびエージェンシー理論から導き出される結論が一致することを明らかにした。

　第2部は，第3章から第6章で構成された。ここでは，IR実務の洗練化のために，わが国企業が直面する情報開示の課題を提示して，その解決の糸口を探求してきた。本書における企業情報開示の課題とは，「財務情報から非財務情報に変容する開示情報への対応」と「開示重視から対話重視への企業報告の変容」であった。これら課題の解決策の端緒を掴むため，本書では，時間軸と外部評価の視点から日本企業のIR活動の実態を詳細に分析してきた。

　第3章では，ショート・ターミズムと業績予想開示の日米比較分析を行った。本章の目的は，日米企業の業績予想開示の違いを明らかにすることで，日本企業の業績予想開示の在り方に対するインプリケーションを引き出すこ

第7章
結論

とであった。分析の結果，日米企業における業績予想開示の違いは，4項目——「開示期間」，「開示項目」，「開示内容」，「自主開示か強制開示か」——であることを示した。そして，2010年以降，わが国における業績予想開示の見直しの議論の焦点となっていたショート・ターミズムと業績予想に関する考え方については，米国と日本では大きく異なることを指摘した。すなわち，米国では，ショート・ターミズムを助長するとして四半期利益予想の廃止が求められたが，わが国では，従来から業績予想自体が中間期あるいは通年で行われていたため，四半期利益予想とショート・ターミズムに関する懸念は今回の議論のなかでは生じていなかったのである。現在，わが国の業績予想の開示は完全なる自主開示となったことから，日本企業は，今後，業績予想の財務数値に固執することなく，自社の企業価値算定に有益な情報は何か自ら見極めたうえで，情報を開示していくことが求められているのである。その検討にあたり参考となるのが，CFA Institute（2006）が示した「利益ガイダンス実践のフレームワーク」であった。

第4章では，長期視点と非財務情報開示の関連性に焦点をあてながら，各国市場で高まる非財務情報開示の拡大要求の動向を分析した。本章の目的は，欧米企業が非財務情報として何を開示しているのか，また，非財務情報の開示と投資家との対話をどのように結び付けているのかを明らかにすることにより，わが国企業への示唆を導出することであった。まず，欧米企業における非財務情報の開示内容として，非財務予想を織り込む米国企業（表4-1）と，「トリプルボトムライン」と呼ばれる自社の経営哲学に基づき非財務情報を開示する欧州企業ノボ・ノルディスク社の事例を示した（表4-4）。次に，非財務情報の開示と投資家との対話をどのように結び付けているのかという疑問に対しては，Laskin（2008）の研究を詳細に分析することで米国企業の実態を明らかにした（図4-1）。そのうえで，Laskin（2008）の研究は，財務・非財務情報とコミュニケーションの関連性の調査が手薄なわが国IR研究に対し重要な示唆を与えると指摘した。

第5章では，わが国における外部評価の現状を明らかにしている。本章の目的は，企業がアナリストや投資家との対話を促進するうえで，重要な指針

となりうるIR活動の外部評価の現状を詳細に把握することであった。分析の結果，わが国には6つのIR評価機関が存在し，各評価制度はユニークなものであることを示した。また，先行研究サーベイの結果から，情報開示内容および手段の多様化が進むなか，われわれ研究者は，定量的研究に限定せず，多面的な情報開示研究をする必要があることを指摘した。そこで，新たなIR研究の試みとして，アステラス製薬の事例研究を行い，IR優良企業は外部評価の視点を意識しながらIR活動を実践していることを明らかにした。本章のまとめでは，外部評価の有用性をより高めるために，日本企業限定ではなく海外企業との比較も含んだグローバルな視点での評価活動の実践が望まれることを評価機関に対して提案している。

　第6章では，外部評価データを利用した実証研究を行った。本章の目的は，ネットIR水準と株主構成の関係性を明らかにすることであった。分析の結果，機関投資家比率はネットIR水準に対し有意に負であることが示された。これは，機関投資家比率の高い企業は，投資家とのコミュニケーション手段として，ネットIRの活用以上に，経営者が投資家と直接対話するミーティングの場をより重視するインセンティブをもつと考えられる。一方，外国人投資家比率および個人投資家比率はネットIR水準に対し有意な結果は得られなかった。これは，日本企業が，投資家間の情報格差を減らすため，既に，ネットIR上に英語サイトを積極的に設けてタイムリーな情報開示を心掛けており，なおかつ，ネットによる情報提供対象者を広くステークホルダー全体として捉えている結果と考えられた。

第2節　本書の貢献

　本書の貢献は2つあると考える。第1は理論研究における貢献である。本書では，IR活動の理論的根拠を再定義した。これまでIRは，株主と経営者の情報の非対称性を緩和する手段として，エージェンシー理論によりその意義付けがなされてきた。しかし，本書では，IR活動の主たる目的である資本コストの低減効果に着目し，その理論的解釈を試みた。その際，論考の

第7章
結論

基点となったのが組織の経済学を構成する取引コスト理論およびエージェンシー理論である。IR活動は市場活動であると同時に企業活動でもあることから，学問的には，経済学と経営学の両方に跨る学問分野である。同様に，組織の経済学も，経営学で扱われてきた様々な対象を経済学的な手法を用いて分析する新しい学問領域である。この経済学の理論性と経営学の実践性を兼ね備えた理論をIR研究に応用し，IR活動の意義について理論的解釈を与えたことは本研究の新規性といえよう。

第2は実証研究における貢献である。本書では，IR活動の国際比較分析，および，IRの外部評価に着目した事例分析並びに定量分析を行うことで，IR研究に新規性と独自性を付加した。また，一連の考察の中で，IR研究およびIR活動の洗練化のために，幾つかのインプリケーションを引き出した。例えば，第4章では，Laskin（2008）のコミュニケーションとIRの関連性分析を引用することで，わが国におけるIR研究の今後の拡張可能性を高めることができたと考える。第5章では，わが国におけるIRの外部評価機能に着目し，公開企業に対しては外部評価への活用を推奨し，それと同時に，評価機関に対してはグローバル化への対応を提言した。これらの貢献は，筆者の問題意識と飽くなき探求心が結びついて生まれたものである。

第3節　今後の課題

本書の目的は，日本企業が行うIR活動の更なる進化に寄与するため，次なる課題を提示することであった。そこで，本研究の中に残されている幾つかの課題を示して本書の纏めとしたい。

まず第1に，実証研究における課題である。ここでは，分析対象企業および分析対象期間の拡張が必要と考える。第5章の事例研究では，単一事例を扱ったに過ぎない。IR優良企業と外部評価の関連性から新たな理論構築を図り，実務サイドへのインプリケーションを引き出そうとするならば，先端事例，代表事例，逸脱事例，原型事例をそれぞれ選定して理論事例とする必要があろう。あるいは，より精緻な仮説検証を行うのであれば，適合事例お

第2部
インベスター・リレーションズの応用
― 企業情報開示の現代的課題を巡る考察 ―

よび不適合事例によるそれぞれの検証が必要と考える（田村 2006,80）。また，第6章の実証研究では，その研究対象，研究期間，更に，実証研究の枠組みの中で使用したデータが限定的であったため，分析上の制約があったと考えられる。これらの点を克服した上で，再度，ネットIR水準と株主構成の関連性について検証する必要があると思われる。更に，本研究を発展させたネットIR活用の効果測定に関する研究も今後の課題であろう。

第2に，本書における考察視点が限定的であった点の克服である。本書では，一部，資金調達の動きに着目した理論研究を行ったものの，大部分は，IRの情報開示活動に焦点を絞ったものであった。IR活動を情報開示における時間軸と外部評価という切り口から分析した点については本研究に新規性があったと考える。しかし，IRが，財務機能，マーケティング機能，コミュニケーション機能，および，証券関係法下のコンプライアンス機能を統合した戦略的な経営責務と定義されることを考慮するならば，本書の視点は，IRのごく一部を取り扱ったに過ぎない。この点を克服するためには，国内企業を対象とした研究にとどまらず，海外企業を対象とした多くの先行研究を詳細に分析し，IR研究の蓄積を行っていく必要があると考える。また，グローバル化の進んだ資本市場においてIR活動をより多面的に捉えるためには，海外の研究者達との連携も必要であろう。

市場環境が急激に移り変わる今日において，約30年の時を経てわが国に浸透したIR活動をより一層進化させることは，国内外の投資家の目をわが国株式市場に振り向かせ，ひいては，わが国市場の活性化に寄与するものと考える。筆者は本書の研究を出発点として，更にIR研究を深化させ，新たな証拠の蓄積に励みたい。

IROキャリアの国際比較

　補論は，IROのキャリアに注目した国際比較を行う。筆者はこれまでみてきた情報開示に関わる国ごとの対応の違いが，一部，IROの属性の違いにも起因すると考える。そこで，本補論では，欧・米各国のIROの属性情報を入手し，日本企業との比較分析を試みる。一連の比較分析をとおして，日本企業のIROの役割と今後の活躍への期待を述べたい。

補　論

第1節　はじめに

　補論として，各種サーベイ調査の結果を用いて，欧州，米国，そして日本のIRオフィサー（以下，「IRO」という）の属性比較を行う。本論のなかでも，業績予想開示および非財務情報開示に関して，日・米および日・欧・米の比較分析を行い，各国間の共通点と相違点を示してきた。筆者は，情報開示に関わる国ごとの対応の違いがIROの属性の違いに起因することもありうると考え，補論ではIROの属性に関する国際比較を試みた。

　本補論の目的は，日本企業のIROと欧米のIROの属性の違いを明示することで，日本企業のIROが，高度専門職業人[1]として社会に認められ，その地位向上に寄与するための示唆を引き出すことである[2]。

第2節　IROの属性比較

1. 使用データと対象企業の説明

　国際比較を行うにあたり，使用データと対象企業の説明をしておく。補論では，欧州全体の現状を把握するため，Laskin and Koehler（2012）を参考にした[3]。彼らは，欧米全体を，ヨーロッパ，英国，ドイツ，フランスに分けて，IROの比較分析を行った。

　ここでいうヨーロッパ情報は，Global IR Practice Report（2011）のデータに基づいてまとめられている。当データは，回答企業1,200社の回答結果

---

1) 高度専門職業人とは，社会経済の各分野において指導的役割を果たすとともに，国際的にも活躍できるような高度な専門能力を有する者を指す。文部科学省中央教育審議会大学分科会大学規模・大学経営部会<http://www.mext.go.jp/b_menu/shingi/chukyo/chukyo4/houkoku/1293381.htm>2012年3月12日。
2) 伊藤（1995）は，IR担当者に要求される専門的能力の幅広さを喩えて「スーパー・スペシャリスト」と呼んでいる。
3) Laskin and Koehler（2012）は，2012年7月スロベニアで開催された「第19回International Public Relations Research Symposium」にて発表された内容である。

補 論

IROキャリアの国際比較

　に基づき構成されている。地域別内訳でみると，51%が北米，33%がヨーロッパ，12%がアジア，3％が南米，1％がアフリカ・中東である。それゆえ，別枠で設けた「UK」,「Germany」,「France」,「U.S.A.」の情報と一部重なる箇所があると思われる。しかし，欧米を中心としたグローバル全体の傾向を把握するうえでは有効な情報と考え，末尾表a～cには「Europe」情報として左端に掲載した。

　一方，「UK」,「Germany」,「France」の国別情報に関しては，Laskin and Koehler（2012）が個別に収集したものを参照している。英国に関しては，VMA Search（2011）の「FTSE senior IR professionals > 100 Heads or Directors of IR」に基づいてまとめられている。ドイツについては，DAX，MDAX，SDAX，TecDAXに上場する企業が対象となっており，各質問ごとに記載可能な範囲でインデックス別情報を記載している。フランスに関しては，Zerfass and Koehler（2012）に基づいている。フランスの対象企業は，CAC40に含まれるトップ30企業である。すなわち，英国・ドイツ・フランスの個別情報に関しては，各国を代表する大手企業が対象となっている。

　次に，米国情報に関しては，NIRIが会員企業を対象として行っているIROの実態調査をベースにしてまとめている。NIRIは米国人材紹介会社最大手のNIRI and Korn Ferryと協力して，2008年より2年おきに，NIRI会員に対しサーベイ調査を実施している。このサーベイの目的は，IROの待遇を把握し，彼らのIROとしてのキャリア継続およびキャリアアップを支援するためである。表a～cのなかでNIRI（2012）と記載してあるのは，NIRIが2012年に企業会員（約2,000社）と非会員企業の内Fortune500に含まれる企業を対象に実施したサーベイ結果に基づくことを示している（回答率30％）。一方，NIRI and Korn Ferry（2010; 2012）と記載した場合，Fortune500企業のIROのみを対象とした回答結果であることを示している。それゆえ，NIRI and Korn Ferry（2012）と記載した場合，その回答企業はLarge-cap以上が73%，NYSE上場企業が82%を占める米国を代表する大手企業から得た結果であることを意味している。

補　論

　一方，日本に関しては，JIRAが毎年行っている「IR活動の実態調査」，日本IR協議会（2006），および伊藤（2010）を参考にしている。2001年以降，JIRAは，IR活動の実態調査の対象を全上場企業としていることから，その回答社数は毎年1,000社から1,200社程度である。それゆえ，英国，ドイツ，フランス，米国の回答企業に比べ，日本企業の回答は大手企業に絞ったものだけでなく，より対象の広い日本企業全体としての傾向を示しているといえる。

　比較項目は8つに絞った。しかしながら，国ごとの慣習などの違いからすべての項目に対して回答を得られたわけではない。例えば，日本企業は，一般的に，従業員の詳細なバック・グランドあるいは給料体系を明らかにしていないため，本比較分析のなかではいくつかの項目で「回答なし：N/A」と記載している箇所がある。また，すべての項目において，国別の回答企業社数が異なるため，日・欧・米の単純比較はできない。しかし，このような国際比較を行うことで，日本企業におけるIROの相対的な位置付けを明らかにすることが可能と考える。

2. 日・欧・米比較分析

　ここからは，項目別に各国間の比較を行っていく。比較項目は合計8つである（表-補1，表-補3）。

（1）IR専任者の人数

　はじめに，各国企業におけるIR専任者の人数を調査した。欧米における全体平均は3.5人，英国と米国は他の欧州各国よりも専任者数が少なく，2〜4人の間に留まることがわかった（Laskin and Koehler 2012）。この点においては，日本も同レベルで，日本IR協議会（2014）によれば，日本企業の専任者平均は2.0人であった。一方，ドイツに関しては，DAX企業の専任者の平均人数は8.2人（中央値が8人）。DAX，MDAX，SDAX，TecDAXにおける全回答の割合でみると，IR専任者が11-20人いるのは回答企業の4.1%。5-10人が9.9%，3-4人が23.1%，1-2人が62.8%であった。フランスについて

補　論
IROキャリアの国際比較

は，CAC30のトップ企業の専任者平均が8.2人であった。

（2）女性比率

女性の活躍促進に力を入れる昨今のわが国にとって（内閣府男女共同参画府 2014)，IROに占める女性の割合は興味深いところである。しかし，JIRAにおいてこれまでIROに占める女性の割合を調査したことはない。一方，英国の調査結果によれば，IR部門のトップあるいは役員の女性割合は52％で，米国におけるIROの女性割合34.0％と比較してかなり高い結果となった。ドイツ，フランスでは回答を得られていない。

（3）経歴・学歴

次に，IROおよびIR専任者の学歴などを調査した。英国では大学院（MCs, MBA）出身者が40％を占める。ドイツにおいては，「修士」との記載はないものの，やはり「経営管理」の学位保有者が71％と多くを占めている。

米国においては，MBA保有者が46％，CPAが約9.0％，CFAが約7.0％であった。同じ米国でも，Fortune500企業を対象とした調査結果によれば，MBA保有者が63.0％と一層高い比率を占める。また，NIRIは，IR業務に専門的な知見をもつ人物であることを示すため，2016年からIR資格の認証試験を始めた。

一方，日本においてIR専任者の学歴などを調査したものでは，日本IR協議会（2006）がある。古いデータ結果ではあるが，2006年調査時点の保有資格は日商簿記に関するものが20％以上と最も多かった。先述したとおり，欧米のIRオフィサーの学歴として最も多いのがMBAであるのに対し，2006年時点における日本では4％にすぎない。しかしながら，わが国におけるおける大学院への社会人入学者数は近年増加傾向にあることから[4]，直近で同様の調査をした場合，日本企業のIROおよびIR専任者のMBA取得者数の割合は増加する可能性が高いと推測する。

---

[4] 文部科学省中央教育審議会大学分科会大学規模・大学経営部会<http://www.mext.go.jp/b_menu/shingi/chukyo/chukyo4/houkoku/1293381.htm>。

(4) 前職

　前職に関しても調査している。社外から事業会社のIR専任に転身する場合，英国・米国・日本ともに，証券会社（セルサイド・アナリスト）や投資銀行（バイサイド・アナリスト）出身者が多いことがわかる。これは，IROの仕事の多くの時間をアナリストたちとの対話に費やすことから，カウンターパートナーであったアナリストたちが逆サイドに移って業務に従事する機会が多いということであろう[5]。一方，社内の移動あるいは事業会社からの転身のケースでは，ドイツは経営管理部門からの移動が60％と最も多く，次にコミュニケーション部門35％と続く。日本では，IR専任部署を置いているのが経理・財務部門47.4％と最も多いことから明らかなとおり，IR専任者の前職としては経理・財務の経験をもつ割合が最も多く40.6％，続いて，営業38.5％，企画38.1％と続く。

(5) IR実務の経験年数

　IRの事務経験年数についてみていくと，英国では10年以上が40％と最も高い割合を占めている。米国に関しては，Laskin（2008）の調査では平均10.11年と示されているが，直近のNIRI（2012）によれば，男性IR担当者は「7-10年」および「21-30年」の経験をもつ割合が最も多く，女性IR担当者に関しては「21-30年」の経験をもつ割合が最も多かった。平均年数として数値で示した結果はないが，米国における直近の平均経験年数は2008年の調査時点（10.11年）より確実に長くなっていると考えられる。

　一方，日本企業の継続年数に関しては，JIRAが毎年調査している。2007年の調査から直近8年間，経験年数は徐々に延びる傾向にあり，2014年時点におけるわが国のIR専任者の平均経験年数は4.9年である。これは，米国，英国の約半分である。とはいえ，日本企業では，実務経験年数5年未満が全体の61.3％を占める一方で，10年以上の経験をもつ人材が9.2％と増える傾向にあり，日本企業においてはIR経験年数が長短の二極化する傾向にあるこ

---

[5] Laskin and Koehler（2012）によれば，IROは業務時間の32％をセルサイド・アナリストと過ごしている。

とがわかる。しかし，本論で述べてきたとおり，わが国におけるIRの本格導入が1990年以降と他国に比べIR実践の歴史が浅いため，米国や英国のIROの経験年数の長さに及ばないのはやむを得ないと考える。

(6) IR活動の年間予算

Grobal IR Practice report (2011) によれば，欧米におけるIR活動の年間予算（IR専任者の給料および年次報告書作成費用を除く）の平均額は$648,000であった。これらIR活動予算の25%は，投資家ターゲティングやロードショーの設定のため外部のサービス（コンサルタントなど）費用に使われていることがわかった。さらに詳細をみていくと，英国ではFTSE100企業のIR年間予算平均は£850,000，FTSE250企業で£400,000であった。同程度の規模の米国企業をみていくと，Mega-cap企業では年間$1.0M以上のIR予算を計上しているのが全体の87.0%を占め，$5M超は14.0%であった。Large-cap企業では$1M-$2.5Mの予算を計上する企業が全体の56%，Mid-capでも同金額の範囲内の予算と回答した企業が41%を占めた。Small-cap企業に関しては，$100,000-$999,999に占める割合が全体の81.0%，$1.0M-$2.5Mは18%であった。これらの結果から，米国企業全体としては，平均$1M-$2.5Mと回答した割合が最も多いことがわかった。

一方，日本企業のIR活動予算をみていくと，英国・米国と比べてその金額の少なさが際立っている。日本企業の平均予算は1,844万円。しかし，年間のIR予算が500万円未満と回答した企業は全体の43.20%を占めていた。一方，1億円以上3億円未満と回答した企業は1.70%だけだった。

予算に関しては対象企業の規模などを勘案する必要があることから数字上の単純比較はできないものの，日本企業のIR活動予算は，欧米平均の1/3に満たないことが明らかになった。仮に，日米比較だけで考えるならば，その差は約10倍に広がる。一般的に，企業経営における重要度によって予算金額が決定することを考慮するならば，この結果をみるかぎり，日本企業におけるIR活動の重要度は欧米企業のそれよりも低いといわざるをえない。

補 論

(7) IROの給料

　IR活動の年間予算にあわせて，IROの給料水準もみておく。英国FTSE100企業のIRダイレクターの平均給料は£140,000。彼らの平均給料の幅は下限£110,000から上限£240,000であった。さらに，FTSE50企業に絞ると，平均給料は£180,000。そのうち，£200,000超えるのは5％であった。一方，FTSE250企業のIRヘッドの平均給料は下限£90,000，上限£140,000の範囲となった。次に，米国の現状をみておく。NIRI（2012）によれば，IR実務に従事している期間と年間の基本給の推移をみていくと，IRのキャリアが21年を超えた時点から，女性のベースサラリーは，男性のそれを超え，キャリア21年以上の女性の年間給料は$230,000である。全体の平均値は$179,281で，中央値が$175,000。Mega-capの中央値は$200,000を優に超えるが，Small-capの中央値は$160,000程度であった。一方，日本企業のIROの給料実体を示すデータはどこにも見当たらない。しかしながら，昨今開示される経営者給料の年額をみれば，日本企業のIROの給料水準が英国・米国のものより随分低いことは想像に難くない（独立行政法人労働政策研究・研修機構 2012, 119）。

　これらの給料水準の調査結果は，人材の流動性が高い欧米においては，高度専門職としてのIROの地位がすでに確立されており，IROは会社を移動してもその職を続ける傾向が強いことを裏付ける証拠といえよう[6]。また，米国の現状は，IRの普及およびIROの社会的地位確立そして向上に励んできたNIRIの努力の賜物ともいえるのではないだろうか。NIRIは，先述したとおり，サーベイなどを実施してIROの給料水準を公表することにより，IROたちのキャリア継続に有益な情報を提供し続けることに貢献している。それに反して，人材流動性が低い日本においては（独立行政法人労働政策研究・研修機構 2012, 86），会社に就業してからの給料形態や従業員がもつ学歴などをオープンにする慣習がほとんどないため，JIRAもこの手の調査を控えていると思われる。しかしながら，高度専門職業人としてIROという仕事がわが国においても広く認知され，会社を移動しても長期に継続できる専門性をもたせ

---

[6] NIRI and Korn Ferry（2012）によれば，IROは2-3社の異なる企業で経験を積むことが多い。

補論
IROキャリアの国際比較

るためには，そのバックグラウンドや待遇を明らかにする必要があると筆者は考える。

（8）アナリスト・カバーの平均人数

ここからは，アナリスト・カバーの平均人数を示しておく。Grobal IR Practice report（2011）によれば，欧米を中心とした全体の平均値は，Mega-cap企業で平均30.8人。Large-capは24.5人，Mid-capは17.3人，Small-capは8.6人であった。英国FTSE30では平均17.7人。ドイツでは，DAX平均で30人。フランス企業に関しては回答企業の平均が21.5人であった。

伊藤（2010）によれば，日本において東証一部上場企業の内，4人以上のアナリストがカバーしている企業数は概ね40％-50％程度，約400社であった。米国の実態を表すデータは筆者の手許にないが，第2章本論で述べたとおり，「米国には証券会社が約4千7百社でその従業員が約78万人，そしてCFA Instituteに属するアナリストが約10万3千人いる。一方，日本では，証券会社が約3百社でその従業員が約9万2千人，そしてSAAJに所属するアナリストは約2万4千人である。それに対してカバーすべき上場企業の数は，米国ではNYSEとNASDAQをあわせて約5千2百社，日本では東証とJASDAQをあわせて約3千3百社である」（太田・姜 2011）。これらのことを考慮すれば，米国のカバー率が，日本よりかなり高くなるのは容易に想像ができる。

（9）属性比較のまとめ

ここまで，日・欧・米企業におけるIROの属性などを比較してきた。それぞれの項目の回答社数および回答年度が異なるため，単純にその結果を比較することはできないが，次の点が明らかになったと考える。

①IR専任者の人数は，日・英・米はほぼ同数。②IROの女性比率が最も高いのは英国。③IROの学歴として，欧米ではMBAホルダーが最も多い。しかし，日本では「日商簿記」がメインとなっている。④IROの前職は，日・欧・米ともに投資・証券会社の所属経験，あるいは事業会社における経営管

理・経理・財務業務に従事していた割合が高い。⑤IR経験年数では，英・米は日本企業の平均年数の2倍以上。⑥IR活動予算は，日本は欧米の1/3程度。米国との比較であれば1/10程度。⑦日本企業のIROの給料水準は不明。しかし，英・米企業のIROの給料水準には及ばないと推察できる。⑧日本の東証一部上場企業で4人以上のアナリストがカバーしている割合は全体の40%-50%，約400社程度。一方，欧米を中心とした平均値は，Mega-cap企業で30.8人。

　分析の結果，米国あるいはヨーロッパ（とくに，英国）においては，すでにIROの高度専門職業人としての社会的地位が確立され，彼ら・彼女らはIRプロフェッショナルとしてのキャリアを築き，長期にわたってその業務に従事していることが分かった。日本においても，JIRAが，設立当初から積極的にIRオフィサーの教育・研修の機会を提供してきた。また，特定非営利活動法人である日本IRプランナーズ協会は，IROの育成・教育のため「IRプランナー」資格の普及を熱心に行ってきた。しかし，現状をみるかぎり，未だ日本企業のIROの高度専門職業人としての社会的位置付けは欧米のレベルに達していないといえる。

第3節　IROの役割と今後への期待

　一方，IROのカウンターパートナーであるアナリストの状況はどうだろうか。日本における証券アナリストの支援団体として1962年設立された東京証券アナリスト協会は，1969年全国組織として「日本証券アナリスト協会」に改称し，1981年から証券アナリスト試験（このときは2次試験実施）をはじめた。日本証券アナリスト協会・規律委員会委員長の蔵元氏は，証券アナリストを取巻く環境の変遷を振り返りながら次のように述べている。「わが国では，20年位前までは，証券会社や機関投資家でも，証券アナリストは各社のさまざまなジョブ・ローテーションの一部として捉えられ，数年ごとに他部署へ異動がごく一般的にみられた。この時代には残念ながら，証券アナリストという仕事が極めて専門的知識の求められる職種であるとの認識も希薄

であった。(中略)わが国資本市場を巡るドラスティックな環境変化および，長年にわたる当協会や先輩アナリストたちの地道な努力の積み重ねにより，証券アナリストという職業が，高度な専門知識を有する独立した職種であるとの社会的認識が，昨今，急速に高まった。(中略)証券アナリストは，これまで以上に専門的知識・能力を磨き，同時に，より高度の職業倫理を実践し，信頼を高めていくことが求められる。(中略)セルサイド，バイサイドともに証券アナリストという職業が，20年～30年にわたり継続して行うに相応しい専門職として社会から高く評価され，社会的信用および報酬の両面からも魅力ある職種として確立されることを意味しよう」(日本証券アナリスト協会編 2012, 1-5)。

本補論では，日欧米比較をとおしてIROの属性を考察してきた。この分析結果を踏まえると，筆者には，わが国におけるIROの社会的位置付けが，約20年前のわが国証券アナリストの位置付けと重なってみえる。すなわち，現在の日本企業におけるIROという仕事が，各社のさまざまなジョブ・ローテーションの一部にすぎず，IROという仕事が極めて専門的知識の求められる職種であるとの認識が薄いという扱いである。欧米各国におけるIROの現状，および，IROのカウンターパートナーである証券アナリストの現状を考慮すると，日本企業のIROが長期にわたり継続して行うに相応しい専門職として社会に認知されるため公的資格の検討も必要と筆者は考える。

表-補1　IRオフィサーの国際比較1/3

	Europe	UK	Germany	France	U.S.A	Japan
参照データ等	Global IR Practice Report (2011)参照。IR Insightの質問に対する回答企業数は1200社。地域別内訳は、51%が北米、33%がヨーロッパ、12%がアジア、3%が南米、1%がアフリカ・中東。時価総額はSmall-capからMega-capまで幅がある。	Laskin & Koehler (2012)参照。IR VMA Search(2011, FTSE senior IR professionals >100 Heads or Directors of IR)	Laskin & Koehler (2012)参照。	Laskin & Koehler(2012)参照。Zerfass/Koehler(2012), sample-includes top 30 companies listed in CAC 40.	NIRI (2012)を参照。NIRIの会員企業（約2,000社の上場企業）と非会員企業の内Fortune500企業を対象にIRオフィサーの属性・給料等のサーベイ実施。サーベイ回答率は30%。一部項目はNIRI and Korn Ferry (2010,2012)を参照。	JIRA(2006-2014)および伊藤拓之(2010)を参照。JIRAが毎年行うIR活動の実態調査の回答企業数は1,000社から1,200社程度。
IR専任者	IR専任者の平均は3.5人。UKはUS同様、他の欧州各国より専任者が少ない。	FTSE30のトップ企業は、専任者平均が7.9人。FTSE100の企業は3名。FTSE250の企業は2名。IR専任者が5人以上いるのは回答企業の10%で、7人以上は2%。アドミ業務を除いて1人で対応しているのは25%以上。	DAX企業の専任者の平均人数は8.2人（中央値が8人）。DAX、MDAX、SDAX、TecDAXにおける全回答者の割合でみると、IR専任者が11-20人いるのは回答企業の4.1%、5-10人が9.9%、3-4人が23.1%、1-2人が62.8%であった。		NIRI and Korn Ferry (2010)によれば、IR専任者が2-4名の回答した企業が42.0%。	JIRA(2014) 回答企業1,029社の内、76%がIR専任者が「いる」と回答。専任者平均は2.0人。JIRA(2012)の調査では、IRを部署で置いている部署では経理・財務が47.4%と最も高い。
IRオフィサーの女性比率	N/A	IR部門トップあるいは役員の52%が女性。	N/A	N/A	NIRI and Korn Ferry (2012)によれば、IROの女性比率は34.0%。	N/A

188

表-補2　IRオフィサーの国際比較2/3

	Europe	UK	Germany	France	U.S.A	Japan
経歴・学歴	N/A	40%が大学院学位保有(23%がMCs、17%がMBA)、2%はPhD保有、28%がCFA/ACAs。	71%が経営管理に関する学位保有。15%がコミュニケーション、1%は法律、14%は他の学位保有。	N/A	NIRI (2012)によれば、MBA保有者が全体の46%程度。CPA保有者は約9.0%。CFA保有者は約7.0%程度。Fortune500企業 (NIRI and Korn Ferry (2012))に絞ると、MBA保有者は63.0%、CFAは11.0%、CPAは21.0%。	JIRA (2006)のIR担当者保有資格の調査によれば、日商簿記1級～3級が23.80%と最も多く、次で、ファイナンシャル・プランナー6.00%、証券アナリスト5.50%、MBAが4.0%であった。
前職	N/A	前職は、投資銀行業務事業会社の財務業務が19%、コミュニケーション部門が16%、ファンド・マネージャーは7%、ベンチャーキャピタルは5%、マーケティングが15%、4%がコンプライアンス、残りはその他。	IR専任となる前職は、60%が経営管理部門に従事。35%はコミュニケーション部門、5%は他部署。	N/A	NIRI (2012)によれば、前職は財務部門が30%超と最も多く、次に経営管理部門バイサイド業務と続く。	JIRA (2014)回答企業1,029社の内、外部からの採用「あり」が19.1%。前職は事業会社が55.6%、証券会社29.2%、銀行13.9%。JIRA (2010)によれば、IR専任者の事業会社における前職としては経理・財務の経験を持つ割合が最も多く40.6%、続いて、営業38.5%、企画38.1%と続く。
IR経験年数	N/A	10年以上のIR実務経験者は40%、7-10年が11%、4-6年が23%、1-3年が19%、1年未満は7%。	N/A	N/A	NIRI (2012)によれば、男性は[7-10年]と[21-30年]の実務経験を持つ割合の者が最も多く、女性は[21-30年]の割合が61.3%。Laskin (2008)によれば平均は10.11年。	JIRA (2014)で「IR専任者[いる]と回答した企業の平均IR実務年数は4.9年。平均実務経験が5年未満という回答が61.3%。一方、10年以上が9.2%。IR専任者の平均実務年数で長短の2極化がみられる。

表-補3 IRオフィサーの国際比較3/3

	Europe	UK	Germany	France	U.S.A	Japan
IR活動の年間予算	平均IR予算(給料および年次報告書作成費用除く)は$648,000。IR予算の25%は投資家ターゲッティングのための外部へのサービス費用に割り振られる。	FTSE100企業のIR年間予算はおよそ£850,000。FTSE250企業のIR年間予算は約£400,000。	N/A	N/A	NIRI(2012)によれば、米国企業の平均年間予算が$1M-$2.5Mの割合が全体の43.20%で最も占める。その内、$5M超は14.0%。Large-cap企業では$1M-$2.5Mの割合が全体の56%、Mid-capでも同金額の範囲内の割合が41%と最も多かった。Small-capに関しては、$100,000-$999,999に占める割合が81.0%。	JIRA(2012)回答企業1,109社の年間予算平均は1,844万円。500万円未満が43.20%で最も多く、1億円以上は1.70%であった。
IR専任者の給料	ベース給料の平均は$180,900、中央値は$166,600。ボーナスの平均値は$50,900、中央値は$34,800。	FTSE100企業のIRダイレクターの平均給料が£140,000。平均給料の幅は£110,000から£240,000の間。FTSE50企業の場合、平均給料は£180,000、中央値£200,000超えるのは5%。FTSE250企業のIRヘッドの平均給料は下限が£90,000から上限£140,000の範囲。	N/A	N/A	NIRI(2012)によれば、平均値が$179,281で中央値が$175,000。Mega-capの中央値は$200,000を優に超えるが、Small-capの中央値は$160,000程度。男女および経験年数で比較すると、経験年数が21年以上になったところから女性が男性の給料を上回る。	N/A
アナリストカバー人数	Mega-cap企業のアナリストカバー平均は30.8人。Large-capは24.5人、Midcapは17.3人、Small-capは8.6人。IRオフィサーが業務に費やす時間の32%はセルサイドアナリストと過ごす。	FTSE30のトップ企業のアナリストカバー平均は17.7人。	各指数ごとのアナリストカバー人数・中央値は以下のとおり。DAX:30人 MDAX:22人 TecDAX:12 SDAX:7人	回答企業のアナリストカバーは平均21.5人。	N/A	伊藤(2010)は、2001-2009年の東証1部上場企業におけるアナリストカバー数を調査した結果、4人以上のアナリストがカバーしている企業数は概ね40%〜50%程度。400社程度で、機関投資家が主に売買している銘柄が多く含まれると推察している。

参考文献

アステラス製薬ホームページ<http://www.astellas.com/jp/>.
飯田道夫. 2003.「企業経営におけるIRの戦略性」(日本IR学会年次大会発表資料, 2003年10月12日付).
ESGコミュニケーション・フォーラム. 2014.「『国内レポート情報』企業リスト」<http://contents.xjstorage.jp/xcontents/79212/f53cef08/0f1a/46c1/81a3/fee-1072add5b/20140421110202754s.pdf>(2015年5月1日更新分).
井口譲二. 2013.「非財務情報(ESGファクター)が企業価値評価に及ぼす影響」『証券アナリストジャーナル』51(8): 36-44.
井手正介・高橋文郎. 2009.『ビジネス・ゼミナール 経営財務入門(第4版)』日本経済新聞出版社.
伊藤邦雄監修. 1995.『戦略的IR－インベスター・リレーションズの理論と実践－』同友館.
伊藤邦雄編著. 2010.『医薬品メーカー 勝ち残りの競争戦略－激変する業界構造と競争ダイナミズム－』日本経済新聞出版社.
伊藤邦雄. 2011.「業績予想開示の意義と見直しの方向性」『企業会計』63(11): 18-27.
伊藤邦雄・加賀谷哲之. 2012.「企業価値に貢献する統合開示モデル策定に向けて」『日本インベスター・リレーションズ学会スタディー・グループ 企業価値に貢献する統合開示モデルの研究(最終報告)』: 1-21.
伊藤拓之. 2010.「証券アナリストの役割と市場の反応－アナリスト情報を用いた投資戦略の紹介－」『NLI Research Institute REPORT』April: 26-33.
岩田宜子. 2012.「日本企業のIRの変容－IRコンサルタントからみた20年の歩み－」(日本IR学会第10回年次大会発表資料).
岩田宜子. 2015.『中長期投資家を納得させるコーポレートガバナンス・コードのIR対応』中央経済社.
WICIジャパン. 2013.「第1回WICIジャパン『統合報告』表彰制度」<http://www.wici-global.com/wp-content/uploads/2013/11/ニュースリリース20131121表彰制度審査結果.pdf>.
薄井彰. 2008.「情報の経済学とディスクロージャー」『現代のディスクロージャー－市場と経営を革新する－』中央経済社: 51-71.
内野里美. 2004.「自発的な情報開示と自己資本コストの関係－複数の情報開示指標とEPレシオによる実証研究－」早稲田大学産業経営研究所『産業経営』36: 37-52.
太田浩司. 2007.「業績予想における経営者予想とアナリスト予想の役割」『証券アナリストジャーナル』45(8): 54-66.
太田浩司. 2008.「ショート・ターミズム批判とアーニングス・ガイダンス」『IR-COM』10: 4-7.
太田浩司・姜理恵. 2011.「米国における経営者予想開示の推移とわが国へのインプリケーショ

ン」『証券アナリストジャーナル』49（6）: 30-40.
音川和久. 2000.「IR活動の資本コスト低減効果」『會計』158（4）: 543-555.
加賀谷哲之. 2012.「持続的な企業価値創造のための非財務情報開示」『企業会計』64（6）: 79-89.
金子誠一. 2008.「証券アナリストの役割」柴健次他編『現代のディスクロージャー－市場と経営を革新する－』中央経済社: 265-282.
姜理恵. 2012a.「フィナンシャル・ガイダンスに関する日米比較－情報発信者と受容者の意識に関するクロス・チェック－」『証券経済学会年報』47: 120-125.
姜理恵. 2012b.「わが国企業の開示情報の類型化－インターネットIRによる評価をもちいた一考察－」（日本IR学会第10回年次大会発表資料）.
姜理恵. 2013.「日本企業におけるインターネットIR水準の決定要因－株主構成に着目して－」『経営実務研究』8: 29-44.
姜理恵. 2016.「『コード』導入で求められる企業のディスクロージャー・ポリシー－ゼネラルエレクトリック社の事例－」『経営哲学』13（1）: 64-75.
企業活力研究所. 2012.「企業における非財務情報の開示のあり方に関する調査研究報告書」<http://www.bpfj.jp/act/download_file/8428429/95101661.pdf>.
菊澤研宗. 1998.『日米独組織の経済分析－新制度派比較組織論－』文眞堂.
菊澤研宗. 2016.『組織の経済学入門－新制度派経済学アプローチ－(改訂版)』有斐閣.
北川哲雄. 2000.『アナリストのための企業分析と資本市場』東洋経済新報社.
北川哲雄. 2004.「アメリカにおけるアナリスト『利益相反』問題に関する一考察－AIMR提案の分析を中心として－」中央大学企業研究所『企業研究』4: 119-144.
北川哲雄. 2007a.『資本市場ネットワーク論－IR・アナリスト・ガバナンス－』文眞堂.
北川哲雄. 2007b.「アナリスト格付けの絶対性と相対性」関東学院大学『経済系』233: 14-36.
北川哲雄・森直子. 2009.「ファイナンシャル・ゲートキーパー Ⅱ証券アナリスト」日本証券経済研究所編『図説 アメリカの証券市場 2009年版』日本証券経済研究所: 256-267.
北川哲雄. 2010a.『IRユニバーシティ－IRオフィサー入門－』国際商業出版.
北川哲雄. 2010b.「医薬品企業の情報開示戦略はいかにあるべきか－欧米企業との比較において－」『国際医薬品情報』2010.9.13: 11-15.
北川哲雄. 2011.「アナリスト・機関投資家の視点からみる経営者予想開示の在り方について」『企業会計』63(11): 37-43.
北川哲雄. 2012.「製薬企業における企業価値関連報告書の分析(欧州編)第2回ノボ・ノルディスク」『国際医薬品情報』2012.12.24: 20-23.
北川哲雄. 2013.「非財務情報とアナリストによる業績予想行為～医薬品企業の事例を中心に」『証券アナリストジャーナル』51（8）: 25-35.
北川哲雄. 2014.「企業価値向上につながるアニュアルレポートの作り方」『国際医薬品情報』

2014.1.27: 26-29.
北川哲雄・林順一. 2014.「投資情報開示とインベストメント・チェーン－ケイ報告書の意義－」愛知学院大学論叢『商学研究』54（2・3）: 27-50.
喜多恒雄. 2009.「第三の波を迎えた企業IR」『IR-COM』1-2: 5.
記虎優子. 2005.『会計ディスクロージャー論』同文舘出版.
記虎優子. 2006a.「財務情報開示がコーポレート・レピュテーションに及ぼす影響」『社会情報学研究』11（2）: 13-26.
記虎優子. 2006b.「インターネットIRサイトの質の規定要因－株主優待制度に着目して－」『証券経済研究』55: 95-111.
記虎優子. 2007.「日本企業の財務情報開示水準の規定要因」『証券アナリストジャーナル』45(10): 98-113.
記虎優子. 2010.「企業ウェブサイトにおける情報開示がコーポレート・レピュテーションに与える影響－評価者属性をコントロールして－」日本社会情報学『社会情報学研究』14（1）: 33-45.
清村英之. 1998.「インターネット・ディスクロージャーの現状と課題－ホームページを利用した財務情報開示の実態分析を中心に－」『産業經理』58（3）, 55-64.
金融庁・日本版スチュワードシップ・コードに関する有識者検討会. 2014.「『責任ある機関投資家』の諸原則≪日本版スチュワードシップ・コード≫～投資と対話を通じて企業の持続的成長を促すために～」<www.fsa.go.jp/news/25/singi/20140227-2/04.pdf>.
経済産業省. 2005.「知的資産経営の開示ガイドライン」<http://www.meti.go.jp/policy/intellectual_assets/pdf/2-guideline-jpn.pdf>.
経済産業省. 2012.「平成23年度総合調査研究持続的な企業価値創造に資する非負務情報開示のあり方に関する調査報告書」<http://www.meti.go.jp/meti_lib/report/2012fy/E002177.pdf>.
経済産業省. 2014.「伊藤レポート『持続的成長への競争力とインセンティブ～企業と投資家の望ましい関係構築～』プロジェクト『最終報告書』」<http://www.meti.go.jp/press/2014/08/20140806002/20140806002-2.pdf>.
KPMGジャパン統合報告アドバイザリーグループ. 2013.「日本における統合報告の現状」あずさ監査法人.
小西範幸. 2012a.「コミュニケーションツールとしての統合報告書の役割」『會計』182（3）: 368-383.
小西範幸. 2012b.「統合報告の特徴とわが国への適用」『企業会計』64（6）: 18-27.
小林和子. 2010.「日本の証券市場の歴史」日本証券経済研究所編『図説 日本の証券市場2010年版』日本証券経済研究所: 14-33.
近藤一仁. 2007.『企業価値向上のための経営情報戦略－IRの本質について－』中央経済社.

佐賀卓雄. 2009.「証券市場の歴史」日本証券経済研究所編『図説 アメリカの証券市場 2009年版』日本証券経済研究所: 2-31.
佐賀卓雄. 2016.「証券市場の歴史」『アメリカの証券市場 2016年版』日本証券経済研究所: 2-37.
坂本恒夫・鳥居陽介編・現代財務管理論研究会. 2015.『テキスト財務管理論（第5版）』中央経済社.
佐々木隆文. 2008.「特集 ディスクロージャーとIR 解題」『証券アナリストジャーナル』46（5）: 2-6.
笹本和彦・藤井智朗監修・ニッセイアセットマネジメント編. 2015.『スチュワードシップ・コード時代の企業価値を高める経営戦略－企業と投資家の共生に向けて－』中央経済社.
佐藤郁哉. 2007.『ワードマップ フィールドワーク 増呈版－書を持って街へ出よう』新曜社.
佐藤行弘. 2014.「三菱電機㈱のIR活動の取り組み」『インベスター・リレーションズ』8: 26-47.
佐藤淑子. 2008.「IR戦略の実際（2版）」日本経済新聞出版社.
佐藤淑子責任編集・日本IR協議会編. 2011.『IRベーシックブック 11-12年版』日本IR協議会.
佐藤淑子. 2015a.『IRの成功戦略』日本経済新聞出版社.
佐藤淑子監修・一般社団法人日本IR協議会編. 2015b.『IRベーシックブック－IRオフィサーのための基礎情報－ 2015-16年版』日経事業出版センター.
柴健次・黒井義博・松島憲之・河野秀喜・太田浩司. 2008.「企業ディスクロージャーの現状と課題」『証券アナリストジャーナル』46（5）: 7-33.
週刊ダイヤモンド. 2016.『ファイナンス力の鍛え方』2016年6月4日号.
証券監督国際機構専門委員会ステートメント. 2002.「上場企業による継続開示及び重要事項の報告に関する原則」<http://www.fsa.go.jp/inter/ios/press04.pdf>.
須田一幸. 2004.「ディスクロージャー・レベルの決定要因」須田一幸編著『ディスクロージャーの戦略と効果』森山書店: 107-122.
須田一幸. 2008.「契約の経済学とディスクロージャー」『現代のディスクロージャー－市場と経営を革新する－』中央経済社: 22-50.
須田一幸・首藤昭信・太田浩司. 2004a.「ディスクロージャーが株主資本コストに及ぼす影響」須田一幸編『ディスクロージャーの戦略と効果』森山書店: 9-43.
須田一幸・首藤昭信・太田浩司. 2004b.「ディスクロージャーが負債コストに及ぼす影響」須田一幸編『ディスクロージャーの戦略と効果』森山書店: 45-68.
須田一幸・花枝英樹. 2008.「日本企業の財務報告－サーベイ調査による分析－」『証券アナリストジャーナル』46（5）: 51-69.
首藤惠. 2013.「特集 非財務情報開示の現状と課題 解題」『証券アナリストジャーナル』51（8）: 2-5.
住田孝之. 2013.「非財務情報開示に関する最近の欧米の動き」『証券アナリストジャーナル』

51(8): 16-24.
全米IR協会編・日本IR協議会訳. 2003.『米国IR実務基準 − 第 2 版 − 』日本IR協議会.
全国証券取引所. 2003-2013.「株式分布状況調査(平成14年度〜平成24年度)」
 <http://www.jpx.co.jp/markets/statistics-equities/examination/01.html>（平成28年12月19日閲覧).
総務省. 2012.『平成24年版 情報通信白書』<http://www.soumu.go.jp/johotsusintokei/whitepaper/h24.html>.
大和インベスター・リレーションズ. 2000-2011.「インターネットIR・ベスト企業賞」
 <https://www.daiwair.co.jp/info_archive/news/index.html>.
大和IR. 2012.「インターネットIR・ベスト企業選定について」(個別配布資料, 2012年 2 月17日入手).
田中襄一. 2004.「IRの発祥と展開」遠藤彰郎他編『企業価値向上のためのIR経営戦略』東洋経済新報社: 2-19.
谷口雅志. 2008.「インベスター・リレーションズ」柴健次他編『現代のディスクロージャー − 市場と経営を革新する』中央経済社: 241-264.
田村正紀. 2006.『リサーチ・デザイン − 経営知識創造の基本技術 − 』白桃書房.
円谷昭一. 2010.「既存実証研究報告」(業績予想開示研究会発表資料, 2010年10月28日付).
円谷昭一. 2011.「業績予想コミュニケーションの重要性 − IR実体調査の結果をふまえて − 」『企業会計』63(11): 44-50.
円谷昭一. 2014.「外国人投資家の実像とディスクロージャー・IR」『プロネクサス総合研究所レポート』<http://www.cm.hit-u.ac.jp/~tsumuraya/data/pronexus_no08_201401.pdf>（平成28年12月19日閲覧).
デットIR研究会編著. 2007.『デットIR入門 − 企業の資金調達と情報開示 − 』銀行研修社.
東京証券取引所「上場会社表彰 − ディスクロージャー表彰 − 」<http://www.jpx.co.jp/equities/listed-co/award/tvdivq0000005t2h-att/tvdivq000000unk5.pdf>（平成28年12月19日閲覧).
東京証券取引所. 2007.「平成19年 3 月期決算短信の開示状況について」<http://www.se.or.jp/rules/kessan/quarter/q-kaiji/b7gje60000005v3h-att/071112_a.pdf>.
東京証券取引所. 2010.「業績予想開示に関する主な変遷及び現状等について」(業績予想開示研究会発表資料, 2010年10月28日付).
東京証券取引所. 2012a.「業績予想開示に関する実務上の取扱いについて」(平成24年 3 月21日公表)<http://www.jpx.co.jp/equities/listed-co/format/forecast/tvdivq0000004vt9-att/b7gje6000002f7t2.pdf>（平成28年12月19日閲覧).
東京証券取引所. 2012b.「平成24年 3 月期決算短信の開示状況について」<http://www.tse.or.jp/news/09/120613_a.html>.

東京証券取引所. 2013.「定時株主総会集中日」<http://www.jpx.co.jp/listing/event-schedules/shareholders-mtg/01.html>（平成28年12月19日閲覧）.

東京証券取引所. 2014.「月末時価総額（2014年7月）」<http://www.jpx.co.jp/markets/statistics-equities/misc/02.html>（平成28年12月19日閲覧）.

東京証券取引所. 2015.「『コーポレートガバナンス・コード』～会社の持続的な成長と中長期的な企業価値の向上のために～」<http://www.jpx.co.jp/news/detail/detail_1876.html> 2015年9月1日アクセス.

独立行政法人労働政策研究・研修機構. 2012.「データブック国際労働比較2012」<http://www.jil.go.jp/kokunai/statistics/databook/2012/index.html>.

内閣府男女共同参画府. 2014.「女性の活躍促進について」<http://www.gender.go.jp/policy/sokushin/sokushin.html>.

中條祐介. 2013.「特集 非財務情報開示の現状と課題－非財務情報開示の意義と現状－」『証券アナリストジャーナル』51（8）: 6-15.

奈良沙織・野間幹晴. 2011.「ディスクロージャー優良企業における経営者予想－予測誤差と業績修正行動を中心に－」『現代ディスクロージャー研究』11: 15-35.

日興アイ・アール「全上場企業ホームページ充実度ランキング調査」<http://www.nikkoir.co.jp/>.

日本IR協議会. 2000-2014.「IR活動の実態調査」<https://www.jira.or.jp/jira/jsp/usr/activities/2_3_1.html>.

日本IR協議会. 2001-2013.「IR優良企業賞」<https://www.jira.or.jp/jira/jsp/usr/activities/2_5.html>.

日本IR協議会編. 2005.『日本IR協議会10年史』日本IR協議会.

日本IR協議会編. 2006.『IR情報ハンドブック』日本IR協議会.

日本経済新聞社クロスメディア営業局「日経アニュアルリポートアウォード表彰」<http://www.adnet.jp/nikkei/ara/>.

日本経済団体連合会. 2010.「財務報告に関わるわが国開示制度の見直しについて」（2010年7月20日付）<http://www.keidanren.or.jp/japanese/policy/2010/069.html>.

日本公認会計士協会. 2010.「投資家向け制度開示におけるサステナビリティ情報の位置付け－動向と課題－」.

日本証券アナリスト協会. 1995-2013.<https://www.saa.or.jp/standards/disclosure/selectiont/tab01.html>（平成28年12月19日閲覧）.

日本証券アナリスト協会編. 2012.『証券アナリスト職業行為基準－実務ハンドブック－（2012年改訂）』日本証券アナリスト協会.

日本証券業協会. 2013.「インターネット取引に関する調査結果（平成25年3月末）について」<http://www.jsda.or.jp/shiryo/chousa/files/netcyousa2013.3.pdf>.

日本証券経済研究所. 2009.『図説 アメリカの証券市場 2009年版』日本証券経済研究所.
日本証券経済研究所. 2010.『図説 日本の証券市場 2010年版』日本証券経済研究所.
日本証券経済研究所. 2010.「上場会社における業績予想開示の在り方に関する研究会」第1回, 第2回研究会配布資料.
日本証券経済研究所. 2011.「上場会社における業績予想開示の在り方に関する研究会報告書」(2011年7月29日付)<http://www.jpx.co.jp/equities/listed-co/format/forecast/tvdivq0000004vt9-att/b7gje6000001vb42.pdf>(平成28年12月19日閲覧).
日本証券経済研究所. 2016a.『図説 日本の証券市場 2016年版』日本証券経済研究所.
日本証券経済研究所. 2016b.『図説 アメリカの証券市場 2016年版』日本証券経済研究所.
野田健太郎. 2013.『事業継続計画による企業分析』中央経済社.
林順一. 2010.「ディスクロージャー水準の決定要因についての一考察−社外取締役との関係を中心として−」『インベスター・リレーションズ』4: 49-71.
林順一. 2013.「ウェブサイトIR評価と女性管理職比率の関係分析」『青山学院大学大学院国際マネジメント研究』2: 123.
林順一. 2015.「英国コーポレートガバナンスの特徴とわが国への示唆」『証券経済学会年報』第50号別冊. 第83回春季全国大会学会報告論文<http://www.sess.jp/publish/annual_sv/pdf/sv50/m83_02.pdf>(閲覧日: 2015年12月15日).
林寿和・小崎亜依子. 2013.「日本の株式市場におけるショート・ターミズム(短期主義)の実証分析」『証券アナリストジャーナル』51(12): 106-117.
藤原誉康. 2012.「ワンレポートとは何か」ロバート・G・エクレス他・花堂靖仁監訳(2012)『ワンレポート−統合報告が開く持続可能な社会と企業−』東洋経済新報社: 9-27.
古庄修. 2012.『統合財務報告制度の形成』中央経済社.
堀内勉. 2016.『ファイナンスの哲学−資本主義の本質的な理解のための10大概念−』ダイヤモンド社.
松田千恵子. 2007.『ファイナンスの理論と実務−多様化する企業の資金調達と新しい融資業務−』金融財政事情研究会.
松田千恵子. 2016.「賢明なる投資家とは」『ジャパニーズ・インベスター』89: 28-29.
宮川宏. 2013.「最適なディスクロージャー情報のための整理と統合に向けた一試案」『年報経営ディスクロージャー研究』11: 47-62.
宮永雅好. 2012.「わが国株式投資の活性化に向けた『株主資本コスト』の活用について」『日本証券アナリスト協会 創立50周年記念懸賞論文集』10: 25-42.
文部科学省中央教育審議会大学分科会大学規模・大学経営部会<http://www.mext.go.jp/b_menu/shingi/chukyo/chukyo4/028/>(平成28年12月19日閲覧).
柳良平. 2011.「業績予想に係る投資家サーベイと脱予算経営による改善」『企業会計』63(11): 51-57.

山田能伸. 2006.「情報開示の現在，過去，未来－アナリスト協会ディスクロージャー評価の変遷から読む邦銀のIR水準－」『週刊金融財政事情』57(44): 42-46.

米山徹幸. 2011.『21世紀の企業情報開示－欧米市場におけるIR活動の展開と課題－』社会評論社.

米山徹幸. 2016.『イチから知る！IR実務』日刊工業新聞.

Ahmadjian Cristina. 2007. Foreign Investors and Corporate Governance Reform in Japan. *Corporate Governance in Japan: Institutional Change and Organizational Diversity*. Cambridge University Press: 125-150.

Alchian, A.A. 1965. Some Economics of Property Rights. *Il Politico* 30: 816-829.

American Institute of Certified Public Accountants. 1994. Improving Business Reporting？A Customer Focus.AICPA<https://www.aicpa.org/InterestAreas/FRC/AccountingFinancialReporting/DownloadableDocuments/Jenkins%20Committee%20Report.pdf>（平成28年12月19日閲覧）.

Arrow, K.J. 1985. The Economics of Agency, in J.W. Pratt and R. Zeckhauser(eds.) *Principals and Agents: The Structure of Business* 37-51. Harvard Business School Press.

Ashbaugh, H., K.M. Johnstone and T.D. Warfield. 1999. Corporate Reporting on the Internet. *Accounting Horizons* 13(３): 241-257.

Bartov, E., D. Givoly and C. Hayn. 2002. The Rewards to Meeting or Beating Earnings Expectations. *Journal of Accounting and Economics* 33(２): 173-204.

Baumol, W.J. 1959. *Business Behavior, Value and Growth*. Macmillan（伊達邦春・小野敏夫訳）. 1962.『企業行動と経済成長』ダイヤモンド社）.

Berle, A. A. and G. C. Means. 1932. *The Modern Corporation and Private Property* Transaction Publishers（北島忠男訳. 1985.『近代株式会社と私有財産』文雅堂書店）.

Berkshire Hathaway Inc. 2000. 2000 Annual Report.

Bhojraj, S., P. Hribar, M. Picconi and J. McInnis. 2009. Making Sense of Cents:An Examination of Firms That Marginally Miss or Beat Analyst Forecasts. *The Journal of Finance* 64(５): 2361-2388.

BNY Mellon. 2010. Global Trends In Investor Relations:A Survey Analysis of IR Practices World wide-6th Edition.

BNY Mellon. 2011. Global Trends In Investor Relations:A Survey Analysis of IR Practices World-wide-7th Edition.

Bollen, L., H. Hassink and G. Bozic. 2006. Measuring and Explaining the Quality of Internet Investor Relations Activities: A Multinational Empirical Analysis. *International Journal of Accounting Information Systems* 7（４）: 273-298.

Boubaker, F., F. Lakhal and M. Nekhili. 2012. The Determinants of Web-Based Corporate

Reporting in France, *Managerial Auditing Journal* 27(2): 126-155.

Coase, R.H. 1937. The Nature of the Firm. *Economica* 4: 386-405.

CFA Institute. 2006. Breaking the Short-Term Cycle <http://www.corporate-ethics.org/pdf/Short-termism_Report.pdf>.

CFA Institute. 2008. Short-Termism Survey:Practices and Preferences of InvestmentProfessionals <http://www.cfainstitute.org/Survey/short_termism_survey_report_may_2008.pdf>.

Chen, S., D. Matsumoto and S. Rajgopal. 2006. Is Silence Golden? An Empirical Analysis of Firms that Stop Giving Quarterly Earnings Guidance in the post Regulation-FD period. *Working Paper*.

Chen, S., D. Matsumoto and S. Rajgopal. 2011. Is Silence Golden? An Empirical Analysis of Firms that Stop Giving Quarterly Earnings Guidance. *Journal of Accounting and Economics* 51(1-2): 134-150.

Cheng, M., K.R. Subramanyam and Y. Zhang. 2005. Earnings Guidance and Mangerial Myopia. *Working Paper*.

Craven, B.M. and C.L. Marston. 1999. Financial Reporting on the Internet by leading UK Companies. *European Accounting Review* 8(2): 321-333.

Debreceny, R., G.L. Gray and A. Rahman. 2002. The Determinants of Internet Financial Reporting. *Journal of Accounting and Public Policy* 21: 371-394.

Demsetz, H. 1967. Toward a Theory of Property Rights. *American Economic Review* 57: 347-359.

Eng, L.L. and Y.T. Mak. 2003. Corporate Governance and Voluntary Disclosure. *Journal of Accounting and Public Policy* 22: 325-345.

Ernest, F.M.Jr. 2007. Using Wave Theory to Maximize Retail Investor Media Communications. *International Journal of Strategic Communication* 1(3): 191-206.

Ettredge, M., V.J. Richardson and S. Scholz. 2002. Dissemination of Information for Investors at Corporate Web Sites. *Journal of Accounting and Public Policy* 21: 357-369.

Fama, E.F. 1980. Agency Problems and the Theory of the Firm. *Journal of Political Economy* 88: 288-307.

Favaro, P. 2001. Beyond bean counting:the CFO's expanding role. *Strategy & Leadership* 29(5): 4-8.

Frankel, R., W. Mayew and Y. Sun. 2010. Do Pennies Matter? Investor Relations Consequences of Small Negative Earnings Surprises. *Review of Accounting Studies* 15(1): 220-242.

FT Bowen Craggs & Co Limited. 2011. Index of corporate web effectiveness <http://bow-

en-craggs.com/ftindex>.

Global IR Practice Report. 2011. IR Magazine <https://www.irmagaz-ine.com/articles/case-studies/185 68/global-ir-practice-report-2011/>(会員専用ページより入手可能).

Graham, J., C. Harvey and S. Rajgopal. 2005. The Economic Implications of Corporate Financial Reporting. *Journal of Accounting and Economics* 40(1-3): 3-73.

Graham, J., C. Harvey and S.Rajgopal. 2006. Value Destruction and Financial Reporting Decisions. *Financial Analysts Journal* 62(6): 27-39.

Houston, J.F., B. Lev and J.W. Tucker. 2007. To Guide or Not to Guide? Causes and Consequences of Stopping Quarterly Earnings Guidance. *Working Paper.*

Houston, J.F., B. Lev and J.W. Tucker. 2010. To Guide or Not to Guide? Causes and Consequences of Stopping Quarterly Earnings Guidance. *Contemporary Accounting Research* 27(1): 143-185.

IIRC. 2011. TOWARDS INTEGRATED REPORTING-Communicating Value in the 21st Century <http://theiirc.org/wp-content/uploads/2011/09/IR-Discussion-Paper-2011_spreads.pdf>.

IIRC. 2013a. Consultation Draft <http://integratedreporting.org/wp-content/uploads/2013/03/Consultation-Draft-of-the-InternationalIRFramework.pdf>(平成28年12月19日閲覧).

IIRC. 2013b. THE INTERNATIONAL <IR> FRAMEWORK <http://www.theiirc.org/wp-content/upLoads/2013/12/13-12-08-THEINTERNATIONAL-IR-FRAMEWORK-2-1.pdf>(平成28年12月19日閲覧).

IR Magazine Awards. 2008. INVESTOR PERCEPTION STUDY. Cross Border(USA)Inc.

Jensen, M.C. and W.H. Meckling. 1976. Theory of the Firm: Managerial Behavior, Agency Costs and Ownership Structure. *Journal of Financial Economics* 3(4): 305-360.

Kay, J. 2012. The Kay Review of UK Equity Markets and Long-Term Decision Making Final Report July 2012 <https://www.gov.uk/government/uploads/system/uploads/attachment_data/file/253454/bis-12-917-kay-review-of-equity-markets-final-report.pdf>(平成28年12月19日閲覧).

Kelton, A.S. and Y.W. Yang. 2008. The Impact of Corporate Governance on Internet Financial Reporting. *Jounal of Accounting and Public Policy* 27(1): 62-87.

Lang, M. and R. Lundholm. 1993. Cross-Sectional Determinants of Analyst Ratings of Corporate Disclosure. *Journal of Accounting Research* 31(2): 246-271.

Laskin, V.A. 2008. Investor Relations: A National Study of The Profession. *A Dissertation Presented to the Graduate School of the University of Florida in Partial Fulfillment of the Requirements for the Degree of Doctor of Philosophy.*

Laskin, V.A. and K. Koehler. 2012. Investor Relations: State of Profession. 19*th International Public Relations Research Symposium*. Lake Bled, Slovenia, July6-7, 2012.

Marris, R. 1963. A Model of the Managerial Enterprise, *Quarterly Journal of Economics* 77: 185-209.

Miller, G. 2009. Should Managers Provide Forecasts of Earnings? – A Review of the Empirical Literature and Normative Policy Recommendations <http://citeseerx.ist.psu.edu/viewdoc/download?doi=10.1.1.189.5376 &rep=rep1&type=pdf>.

Modigliani, F. and M. H. Miller. 1958. The Cost of Capital, Corporation Finance, and the Theory of Investment. *American Economic Review* 48: 261-297.

Modigliani, F. and M.H. Miller. 1963. Corporate Income Taxes and the Cost of Capital: A Correction. *American Economic Review* 53: 433-443.

Moore, R. 1998. The Problem of Short-Termism in British Industry. *Economic Notes*(81).

Morrill, D.C. 1995. Origins of NIRI, National Investor Relations Institute(米国にてNIRIの元チェアーマンから直接入手).

National Invetor Relations Institute(NIRI)Home Page <http://www.niri.org/>.

NIRI. 2001; 2003; 2005-2010. Earnings Guidance Practices Survey <http://www.niri.org/Search.aspx?SearchMode=1 &SearchPhrase=Earnings+Guidance+Practices&SearchWithin=5 >.

NIRI. 2004. STANDARDS OF PRACTICE FOR INVESTOR RELATIONS(THIRD EDITION).

NIRI. 2012. niri ANALYTICS Researching Investor Relations Use of Corporate Websites Disclosure 2012 Survey Report <http://www.niri.org/>(会員専用サイトから入手).

NIRI and CFA Institute. 2008. Results of Joint Study on Public Company Guidance Practices and preferences <http://www.niri.org/other-content/0508 GuidancePracticesSummaryResults.pdf>(会員専用サイトより入手).

NIRI and Korn Ferry. 2010. International Corporate Investor Relations Compensation Survey Results <http://www.niri.org/Main-Menu-Category/resource/publications/Executive-Alert/2010-Executive-Alert-Archive/NIRI-Korn Ferry-International-Corporate-Investor-Relations?Compensation-Survey-Results-51910.aspx>(会員専用サイトから入手).

NIRI and Korn Ferry. 2012. Compensation and the IRO:2012 Data and Hiring Trends. *NIRI Annnual Conference, Seattle, Washington*, June3-6, 2012(会員専用サイトから入手).

Novo Nordisk. 2008. Annual Report 2008 <https://www.novonordisk.com/content/dam/Denmark/HQ/Commons/documents/Novo_Nordisk_UK_AR2008.pdf>(平成28年12月19日閲覧).

Novo Nordisk. 2012a. 20 YEARS IN THE BUSINESS OF SUSTAINABILITY <https://

www.novonordisk.com/content/dam/Denmark/HQ/Sustainability/documents/20-years-anniversary.pdf>（平成28年12月19日閲覧）．

Novo Nordisk. 2012b. Annual Report 2012 <http://www.novonordisk.com/content/dam/Denmark/HQ/Commons/documents/Novo-Nordisk-AR-2012-en.pdf>（平成28年12月19日閲覧）．

Novo Nordisk. 2014. Novo Nordisk step by step <http://www.novonordisk.com/about_us/history/step-by-step.asp>.

Oyelere, P., F. Lasward and R. Fisher. 2003. Determinants of Internet Financial Reporting by New Zealand Companies. *Journal of International Financial Management and Accounting* 14(1): 26-63.

Pearlstein, S. 2009. Wall Street's Mania for Short-Term Results Hurts Economy. *The Washington Post*, September11.

Pirchegger, B. and A. Wagenhofer. 1999. Financial Information on the Internet:A Survey of the Homepages of Austrian Companies. *European Accounting Review* 8(2): 383-395.

Sharpe, William F. 1964. Capital Asset Prices - A Theory of Market Equilibrium Under Conditions of Risk. *Journal of Finance* 19(3): 425-442.

SEC. 1995. Private Securities Litigation Reform Act of 1995 <http://www.sec.gov/news/studies/lreform.txt>.

SEC. 2000. Final Rule:Selective Disclosure and Insider Trading <http://www.sec.gov/rules/final/33-7881.htm>.

SEC. 2002. Sarbanes-Oxley Act of 2002 <http://www.sec.gov/about/laws/soa2002.pdf>.

SEC. 2008. Speech by SEC Staff:Remarks at the XBRL International Conference <http://www.sec.gov/news/speech/2008/spch101508wl.htm>.

Simon, H.A. 1961. *Administarative Behavior: A Study of Decision-Making Processes in Administrative Organization, 2nd ed*.Macmillan（松田武彦・髙柳暁・二村敏子訳. 1965.『経営行動』ダイヤモンド社）．

Skinner, D. and R. Sloan. 2002. Earnings Surprises, Growth Expectations, and Stock Returns or Don't Let an Earnings Torpedo Sink Your Portfolio. *Review of Accounting Studies* 7 (2-3): 289-312.

Spence, A.M. 1973. *Market Signaling: Informational Transfer in Hiring and Related Screening Processes*. Harvard University Press.

U. S. Chamber of Commerce. 2007. Commission on the Regulation of U.S. Capital Markets in the 21st Century.

VMA Search. 2011. Investor Relations Career & Salary Survey 2010－2011 <http://www.vmagroup.com/wp-content/uploads/2016/04/Investor_relations_career__salary_sur-

vey_2010-2011.pdf>（平成28年12月19日閲覧）.

Warner, J. 2005. Quitting the Guidance Game:Why Are More CEOs Keeping Silent on Earnings? *Chief Executive.*

Williamson, O.E. 1967. *The Economics of Discretionary Behavior:Managerial Objectives in a Theory of the Firm.* Markham（井上薫訳. 1982.『裁量的行動の経済学－企業理論における経営者目標－』千倉書房）.

Williamson, O.E. 1975. *Markets and Hierarchies: Analysis and Antitrust Implications.* Free Press（浅沼萬里・岩崎晃訳. 1980.『市場と企業組織』日本評論社）.

Xiao, J. Z., H. Yang and C.W. Chow. 2004. The Determinants and Characteristics of Voluntary Internet-based Disclosures by Listed Chinese Companies. *Journal of Accounting and Public Policy* 23: 191-225.

Zerfass, A. and K. Koehler. 2012. Investor Relations 2.0－Global Benchmark Study 2012: Financial Communication. *Online Dialogue and Mobile Information.* Leipzig: University of Leipzig, 2012 <www.slideshare.net/communicationmanagement>.

索 引

英 数

5T&C ································· 128, 154
ADR ····································· 18, 33
AICPA ·· 95
AIMR ································· 122, 151
AMA ···································· 14, 33
Breaking the Short-Term Cycle ······· 72, 96
CAPM ································· 40, 42
CFA Institute
　················ 17, 70, 72, 76, 78, 85, 118
CFの安定性 ································ 44
Comply or Explain ···················· 29, 32
CRF ·· 104
CSR ································· 25, 158
CSR情報 ······················ 103, 157, 168
CSR報告書 ························· 113, 115
DCF ·· 40
DF法 ··································· 16, 35
EBR ·· 95
EBRC ·· 95
EPS ·· 72
EPSシンドローム ··························· 70
EPS予想 ······························· 76, 97
ESG情報 ························ 31, 103, 115
FTボーエン／
　グレッグス・インデックス ············ 131
GRI ··· 104
Global IR Practice Report ············ 178
IASB ······································· 104
IIRC ·························· 104-107, 110-112
Investor Perception Study ············ 131
IRA ············· 15, 33, 101, 175, 177, 179, 180
IRO ······················· 8, 180, 186-190
IRR ·· 40
IRイベント ······················ 138, 139, 141
IRオフィサー ······················ 180, 186-190

IR活動の概要 ······························· 25
IR活動の実態調査 ············· 21, 148, 180
IR研究会 ································ 18, 19
IR行動憲章 ································· 24
IRの定義 ································ 22, 24
IR評価機関 ·························· 123, 173
IR評価制度 ······························· 144
IR優良企業 ···················· 135, 136, 144
IR優良企業賞 ······················ 127, 134
JIRA ············· 2, 5, 19, 20, 24, 34, 111, 123
Korn Ferry ································ 179
LBO ·· 15
M&A ·· 15
MM理論 ································· 43, 61
NAIC ··· 15
NIRI
　·············· 15, 17, 33, 70, 73, 85, 101, 118, 179
NIRI基準書 ······························· 100
NPV ·· 40
OECD ······································ 104
one size fits all ··························· 32
PRSA ·· 33
PSLRA法 ························· 16, 34, 69, 70
ROE ································· 14, 40, 45
ROIC ··· 40
SAAJ ·························· 10, 85, 123, 126
SEC ···································· 16, 95
SOX法 ······················· 15-17, 70, 111
U.S. Chamber of Commerce ···· 73, 76, 78, 85
WACC ································ 41-43, 46
WICI ································· 104, 112
WICIジャパン ······················ 115, 116
XBRL ·· 96
β ·· 42

あ 行

アーニングス・ガイダンス ··············· 71
アセット・オーナー ······················· 29

205

アドバース・セレクション ············ 57, 58
アナリスト
　············· 7, 8, 14, 29, 70, 122, 125, 138
アナリストコンセンサス予想 ············ 87
アナリスト評価 ···················159-161
アナリスト利益予想 ··············· 77, 79
アニュアルレポート ······· 107, 109, 113, 114

伊藤レポート ························ 31, 35
医薬品セクター ···················135, 136
インターネットIR ·················128, 130
インターネットIR・ベスト企業賞 ···130, 149
インターネットIR表彰制度 ········128, 134
インターネット取引口座 ··········· 21, 148
インベスター・リレーションズ活動 ········2
インベストメント・チェーン ············ 29

運用パフォーマンス ······················ 28

営業操作 ······························· 72
エージェンシー・コスト ······· 48, 59, 62, 63
エージェンシー理論 ···9, 38, 48, 50, 56, 61, 64
エージェント ·························· 57
エクイティ・ファイナンス ·············· 18
エンゲージメント ··················· 29, 35
エンロン・ワールドコム事件 ·17, 34, 70, 111

か　行

海外機関投資家 ························149
海外投資家 ·······················150, 152
海外ロードショー ······················ 27
外国人投資家 ········· 20, 148, 150, 151, 159
外国人投資家比率 ············159, 167, 174
外部評価 ········ 4, 5, 9, 122, 135, 172-176
加重平均資本コスト ············ 41-43, 46
価値創造のメカニズム ·················104
合併・買収 ···························· 15
ガバナンス ······· 31, 47, 51, 53, 62, 138, 139
株式 ······························ 53, 54

株式時価総額 ·························· 19
株式市場 ······························ 18
株式保有構造 ······················ 19, 20
株式持合体制 ·························· 18
兜倶楽部 ··························· 80, 81
株主 ······························ 61, 64
株主構成 ·······26, 148, 149, 151, 159, 168, 174
株主資本コスト ·········· 41-43, 45, 46, 52, 55
株主との対話 ·························· 32
借入金 ······························ 53, 54
完全競争市場 ······················ 42, 61
完全合理性 ···················· 49, 50, 56
機会主義 ··························· 50, 51
機会主義的行動 ···················· 51, 57
機会費用 ··························· 41, 53
機関化現象 ···························· 14
機関投資家 ········8, 28, 70, 148, 150-152, 159
機関投資家比率 ········· 159, 164, 166, 174
企業価値 ······························ 45
企業価値向上 ······················ 24, 28
企業経営者 ····························8
企業財務 ······························ 18
企業情報開示 ···························3
企業統治 ························· 47, 48, 64
企業統治改革 ·························· 17
企業年金基金 ·························· 14
企業の社会的責任 ······················ 25
期待収益率 ···························· 42
逆選択 ································ 57
キャッシュフロー ·············· 40, 45, 47
キャピタルゲイン ······················ 42
強制開示 ····················· 7, 9, 82, 172
業績予想 ·····················9, 68, 84, 90
業績予想開示 ········· 80, 83-85, 87, 172, 174
近視眼的経営 ······················ 86, 87
近視眼的傾向 ·························· 68
金融・証券ビッグバン宣言 ·············· 18
金融安定化法 ·························· 16

索 引

金融危機 ·································· 28
金融コミュニティ ······················ 23
金融商品取引法 ························ 153
金融制度改革法 ·························· 18

クロス・チェック ········ 136, 138, 141, 142

経営者 ······················ 7, 8, 30, 61, 62
経営者予想 ······························· 85
経営者利益予想 ········ 69-71, 74, 77, 80, 85
経営責務 ································· 24
経営戦略 ································· 26
経営リスク ······················ 156-158, 168
経営理念 ································ 113
ケイ報告書 ······················ 105, 106, 118
契約の束 ····························· 60, 61
決算短信 ······················· 81, 83, 88, 89
現在価値 ································· 40
建設的な目的をもった対話 ············ 29, 35
原則主義 ····························· 32, 105
限定合理性 ··························· 49, 50

高質な対話 ······························· 31
公正開示規則 ····························· 16
高度専門職業人 ························ 178, 186
公認会計士 ································ 8
公認会計士監督機関 ···················· 17
効用最大化 ··························· 49, 51
効用最大化仮説 ······················· 50, 56
コーポレート・ガバナンス
　············· 55, 62, 124, 152, 156-158, 168
コーポレート・コミュニケーション ······ 25
コーポレートガバナンス・コード ····· 31, 35
国際統合報告フレームワーク ··········· 105
国内機関投資家 ················· 149, 150, 153
個人株主 ································ 149
個人投資家 ················· 7, 148, 150-152, 159
個人投資家比率 ··············· 159, 167, 174
コスト ··································· 45

コミュニケーション
　············ 9, 23, 24, 101, 103, 118, 173, 175
コンセンサスEPS予想 ················ 70, 71
コンプライアンス ······················ 23, 24

さ 行

サーベンス・オクスリー（SOX）法
　·································· 15, 17, 70, 111
細則主義 ································· 32
最低要求収益率 ······················· 41, 53
最適資本構成 ················· 42, 44, 61, 63, 64
財務機能 ································· 23
財務公開制度 ····························· 14
財務情報 ········· 3, 4, 96, 97, 101-103, 107, 113
財務制限条項 ····························· 62
財務内容公開制度 ························· 7
財務予想 ···························· 75, 76, 85
財務リスク ···························· 43, 44
財務レバレッジ ·························· 43
サブプライム問題 ························ 15
残余ロス ································· 60

ジェンキンズレポート ················ 95, 96
時間軸 ······················ 4, 5, 9, 172, 176
資金調達 ················ 6, 18, 43, 47, 53-55, 64
シグナリング ····························· 58
自己拘束コスト ·························· 60
自己資本比率 ····························· 63
自己資本利益（ROE） ·········· 14, 40, 45
資産特殊性 ······················ 51-53, 55
自主開示 ·································· 9
自主開示か強制開示か ··············· 82, 173
自主開示情報 ··············· 6, 154, 156, 168
市場ポートフォリオ ···················· 42
持続可能性 ······························ 110
実績情報 ································ 113
自発的開示情報 ························ 153
四半期EPS ···························· 70, 71
四半期決算制度 ··························· 4

207

四半期決算短信 ……………………… 83	ステークホルダー‥3, 23, 25, 30, 140, 152, 174
四半期利益予想 …… 71-73, 76-80, 85, 87, 173	制度開示情報 ………………… 154, 156, 168
四半期利益予想廃止 ……………………… 71	セーフハーバー条項 ………………… 16, 69
資本コスト ………… 40, 41, 45, 46, 52, 53, 64	節税効果 ………………………………… 43
資本資産価格モデル ………………… 40, 42	セルサイド ……………………………… 187
資本市場構成者 ………………………… 5, 8	セルサイド・アナリスト ……………… 182
資本政策 ………………………………… 26	全国証券取引所協議会 ………………… 81
自由記載形式 …………………………… 88	全上場企業ホームページ
集団的エンゲージメント ……………… 106	充実度ランキング調査 …………… 130
受託者 …………………………………… 29	全米IR協会（NIRI）
証券アナリスト ……… 4, 124, 149, 187, 188	‥‥ 15, 17, 33, 70, 73, 85, 101, 118, 173, 179
証券アナリストによるディスクロージャー優	総エージェンシー・コスト ………… 62, 64
良企業選定 ………… 10, 123, 132, 156, 160	双方向コミュニケーション ……… 5, 23, 135
証券会社 ………………………………… 8	組織の経済学 ……………………… 9, 48, 56
証券関係法 ……………………………… 23	ソフトロー ……………………………… 32
証券取引等監視委員会 ………………… 18	
証券不祥事 ……………………………… 18	た 行
証券民事訴訟改革法（PSLRA法）	
………………………… 16, 34, 69, 70	代理人 ……………………………… 29, 57
上場・公開企業 ………………………… 6	対話 ………………………… 8, 24, 28, 112
上場会社表彰 …………………………… 127	対話重視 ………………………………… 3
上場制度整備懇談会 …………………… 87	短期志向 ………………………………… 68
情報開示 ………………… 6, 31, 47, 48, 64	短期投資家 ……………………………… 4
情報仲介者 …………………………… 8, 29	知的財産報告書 ………………………… 113
情報受容者 ……………………………… 8	知的資産経営 …………………………… 112
情報の非対称性 ………… 38, 48, 57, 61, 64	中期経営計画 ………… 113, 156-158, 168
情報発信者 ……………………………… 8	中長期視点 ……………………………… 4
将来予想 ………………………………… 84	中長期的価値 …………………………… 97
ショート・タームズム	中長期的な企業価値の向上 …………… 29
‥9, 30, 68-72, 76, 80, 85, 87, 90, 94, 96, 105,	長期視点 …………………………… 94, 173
106, 172	長期の価値 ……………………………… 118
職業倫理 ………………………………… 187	長期投資 ………………………………… 9
叙述的報告 ……………………………… 106	長期投資家 ……………………………… 4
新古典派経済学 …………………… 49, 50	
数値予想 ………………………………… 72	ディスクロージャー ………… 6, 84, 125
スクリーニング ………………………… 58	ディスクロージャー・ポリシー ‥135, 138
スチュワードシップ …………………… 105	ディスクロージャー評価 ……………… 149
スチュワードシップ・コード …… 29, 35	

索　引

適時開示情報 …………………… 6, 113, 154
適時開示制度 …………………………… 83
適正な株価形成 ………………………… 38
適切な情報開示 …………………… 32, 35
敵対的買収 …………………………… 15, 69

東京証券取引所 ………… 81, 87, 123, 126
統合報告 ……… 104, 106, 111, 115, 117, 123
統合報告書 ………………………… 113-115
統合報告に関する
　ディスカッション・ペーパー ……… 112
投資家 ………………………………… 7, 8, 29
投資収益率 ……………………………… 42
投資信託会社 …………………………… 14
投資判断 ………………………………… 24
投資目標利益 …………………………… 8
道徳的危険 ……………………………… 57
ドット・フランク法 ……………… 16, 35
取引コスト ……………………… 50, 54, 55
取引コスト理論 ………………… 9, 50, 53, 64
取引費用 ………………………………… 42
取引頻度 …………………………… 51, 52
トリプル・ボトムライン …………… 118
トリプル・ボトムライン・アプローチ … 108

な　行

日経アニュアルリポートアウォード …… 127
日本IR学会 …………………………… 20
日本IR協議会（JIRA）
　………… 2, 5, 19, 20, 24, 34, 111, 123, 126
日本株式時価 ………………………… 22
日本経済新聞社クロスメディア営業局 … 126
日本経済団体連合会 ………………… 83
日本証券アナリスト協会（SAAJ）
　………………… 10, 85, 123, 126, 188
日本版ビッグバン …………………… 18
任意開示情報 ………………………… 113

ネクサス …………………………… 60, 61

ネットIR ………………………… 150, 152
ネットIR水準
　… 149-153, 156, 159, 160, 167, 168, 174, 175
ネットIR評価 …………………… 154, 165
年次報告書 ………………………… 108
年次利益予想 …………………… 73, 75, 76, 85

は　行

ハードロー ……………………………… 32
バイサイド ……………………………… 187
バイサイド・アナリスト …………… 182
配当金 …………………………………… 41
配当政策 ……………………………… 157
ハイリスク・ハイリターン …………… 42

非財務情報
　… 3, 4, 31, 96, 97, 99, 101-103, 106, 111, 112,
　117, 118
非財務情報開示 ………………… 94, 173
非財務予想 …………………………… 173

フェア・ディスクロージャー … 124, 139, 141
不確実性 ………………………… 51, 52
負債コスト ……………………… 41, 43, 52, 55
負債比率 ……………………… 43, 61, 63
不正会計処理 ………………………… 15
プリンシパル …………………………… 57
プリンシプルベース・アプローチ …… 32

米国経営者協会（AMA） …………… 14, 33
米国サブプライム住宅ローン破綻 …… 22
米国資本市場 ………………………… 14
米国証券取引委員会（SEC） ……… 16, 95

法定開示情報 …………………… 6, 113, 153
法定刊行物 …………………………… 157
泡沫訴訟 ……………………………… 16
ボンディング・コスト ………… 59, 60, 62, 64
ボンディング行動 …………………… 64

ま 行

未公開情報 …………………………… 17

無リスク資産 ………………………… 42

免責条項 …………………………… 16, 69

目的を持った対話 …………………… 29
目標株価 ………………………… 17, 70
モニタリング・コスト ………… 59, 62, 64
モラル・ハザード ………………… 57, 59

や 行

予想コンセンサス …………………… 16
予測情報 …………………………… 113

ら 行

リーマン・ショック ……………… 22, 28

利益ガイダンス ………………… 16, 72, 73
利益ガイダンス実践のフレームワーク … 173
利益最大化 …………………………… 49
利益相反 ………………………… 17, 70
利益予想 ………………… 75, 76, 97
利害の不一致 ………………… 48, 57
リスク回避的 ……………………… 42
リスク情報 ………………………… 96
リスクフリーレート ……………… 42
リスクプレミアム ………………… 42
リターン …………………………… 45

ルールベース・アプローチ ………… 32

レギュレーションFD ……… 16, 17, 34, 70, 75

わ 行

割引率 ……………………………… 45

【著者紹介】

姜　理恵（かん　りえ）
光産業創成大学院大学 光産業創成研究科 准教授

【略歴】
1994年　名古屋大学経済学部卒業
2007年　中央大学大学院国際会計研究科修了　修士（ファイナンス，MBA）
2015年　青山学院大学大学院国際マネジメント研究科博士後期課程修了
　　　　博士（経営管理）
2016年3月より現職。青山学院大学国際マネジメント学術フロンティアセンター特別研究員，日本IR学会評議員，全米IR協会会員。

【主要論文】
「『コード』導入で求められる企業のディスクロージャーポリシー－ゼネラルエレクトリック社の事例－」『経営哲学』（第13巻1号，2016年）
「日本企業におけるインターネットIR水準の決定要因－株主構成に着目して－」『経営実務研究』（No8，2013年）
他．

平成29年3月25日　　初版発行　　　　　　　　　略称：IR課題

インベスター・リレーションズの現状と課題
―企業情報開示における時間軸と外部評価の視点から―

著　者 ⓒ 姜　　理　恵
発行者　　中　島　治　久

発行所　同文舘出版株式会社

東京都千代田区神田神保町1-41　　　　〒101-0051
電話　営業(03)3294-1801　　　　編集(03)3294-1803
振替 00100-8-42935　　　　http://www.dobunkan.co.jp

Printed in Japan 2017　　　　　　　　製版：一企画
　　　　　　　　　　　　　　　　　印刷・製本：三美印刷

ISBN978-4-495-20571-3

JCOPY 〈出版者著作権管理機構 委託出版物〉
本書の無断複製は著作権法上での例外を除き禁じられています。複製される場合は，そのつど事前に，出版者著作権管理機構（電話 03-3513-6969，FAX 03-3513-6979，e-mail: info@jcopy.or.jp）の許諾を得てください。